国家数智财经行业产教融合共同体推荐教材

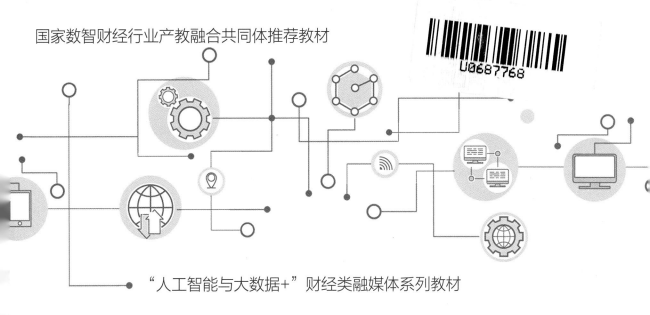

"人工智能与大数据+"财经类融媒体系列教材

APPLICATION AND DEVELOPMENT OF FINANCIAL ROBOTS

财务机器人应用与开发

张瑞贤 刘恩鹏 佘祥云 ◎主编

徐晓艳 吕 洋 丁 含 王 伟 于 灏 战玺宇 ◎副主编

程淮中 ◎主审

ZHEJIANG UNIVERSITY PRESS
浙江大学出版社
·杭州·

图书在版编目（CIP）数据

财务机器人应用与开发 / 张瑞贤，刘恩鹏，佘祥云
主编． -- 杭州 ：浙江大学出版社，2025.1
ISBN 978-7-308-25028-3

Ⅰ．①财… Ⅱ．①张… ②刘… ③佘… Ⅲ．①财务管
理－专用机器人－教材 Ⅳ．①F275②TP242.3

中国国家版本馆CIP数据核字(2024)第102806号

财务机器人应用与开发

CAIWU JIQIREN YINGYONG YU KAIFA

张瑞贤　刘恩鹏　佘祥云　主编

责任编辑	汪荣丽	
责任校对	沈巧华	
封面设计	春天书装	
出版发行	浙江大学出版社	
	（杭州市天目山路148号　邮政编码310007）	
	（网址：http://www.zjupress.com）	
排　　版	杭州林智广告有限公司	
印　　刷	杭州捷派印务有限公司	
开　　本	787mm×1092mm　1/16	
印　　张	13.75	
字　　数	301千	
版 印 次	2025年1月第1版　2025年1月第1次印刷	
书　　号	ISBN 978-7-308-25028-3	
定　　价	49.80元	

前　言

伴随着大数据、人工智能、云计算时代的到来，传统的财务及会计正面临着巨大的挑战，以数字技术应用和人机协同为特征的智能化会计时代已经到来。机器人流程自动化（robotic process automation, RPA）技术以其高效、稳定、低成本的优势，成为财务及会计数字化转型的重要推手。通过模拟人类用户的操作，RPA能够自动执行大量重复性高、规则性强的财务及会计任务，如发票处理、数据录入、报表生成等。这不仅极大地减轻了财会人员的工作负担，也为企业的财务决策提供了更精准的数据支持。本教材编写全面贯彻党的二十大精神，坚持产教融合、校企合作、工学结合、科教融汇，致力于培养能够适应数字化转型要求的新型财会人才。

本教材共分为七个模块，内容包括RPA技术的基础认知、UiPath软件技术、Excel应用自动化、Web应用自动化、E-mail应用自动化、机器人部署和运维以及新财会人员职业素养的培养。每个模块都配有详细的理论讲解、操作指导、案例分析和实践练习，确保学习者能够全面、深入地理解和掌握知识要点以及技能操作。

本教材的编写目的是：

1. 普及RPA技术在财务会计中的应用知识，让学习者了解RPA的基本概念、发展历程及其在财务会计领域的应用场景。

2. 通过模块化教学，学习者能够系统掌握RPA技术的应用与开发，包括UiPath软件中Excel自动化、Web数据抓取、E-mail处理等技术的应用。

3. 培养学习者的实际操作能力和创新思维，通过案例分析、实践操作等方式，提高解决财务会计自动化问题的能力。

4. 为财会人员提供转型思路，帮助他们在数智化时代找到自己的新定位，促进自己职业生涯的发展。

本教材的特点是：

1. 实用性。教材内容紧密结合财务、会计工作实际，注重实操技能的培养，确保学习者能够将所学知识应用于实际工作中。

2. 系统性。教材内容循序渐进，从RPA的基础理论到具体应用，再到机器人的部署和运维，构建了完整的知识体系。

3.前瞻性。紧跟财务及会计自动化的发展趋势，介绍最新的技术和应用案例，帮助学习者把握会计行业动态，预见未来发展方向。

4.互动性。通过案例分析、讨论和实践操作，鼓励学习者积极参与，提高学习的主动性和互动性。

本教材由山东外国语职业技术大学张瑞贤、山东信息职业技术学院刘恩鹏、北京工业职业技术学院佘祥云担任主编。其具体写作分工为：张瑞贤负责模块一、二、七的统筹与编写工作；刘恩鹏负责模块三、六的统筹与编写工作；佘祥云负责模块四、五的统筹与编写工作。其中，山东外国语职业技术大学徐晓艳参与了模块一的编写，山东外国语职业技术大学吕洋参与了模块二的编写，北京工业职业技术学院丁含参与了模块四的编写，山东信息职业技术学院王伟参与了模块五的编写，山东信息职业技术学院于灏参与了模块六的编写，山东外国语职业技术大学战玺宇参与了模块三的编写，厦门网中网软件有限公司刘青参与了模块七的编写。最后由江苏财经职业技术学院程淮中教授对全书进行审阅，厦门网中网软件有限公司与新道科技股份有限公司提供教材案例支持。

在教材的编写过程中，得到了浙江大学出版社、新道科技股份有限公司、厦门网中网软件有限公司以及财会行业、IT技术领域的多位专家和同仁的大力支持和帮助。在此，我们对他们表示衷心的感谢。

随着财务机器人技术的不断进步和应用领域的不断拓展，我们相信本教材将为学习者打开一扇通往财务会计自动化世界的大门，帮助学习者在数智化时代乘风破浪，实现个人价值和职业发展。同时，热忱欢迎广大读者对本教材的不足之处提出批评意见，你们的宝贵意见将使这本教材更加完善。

编者

目 录

学习导图

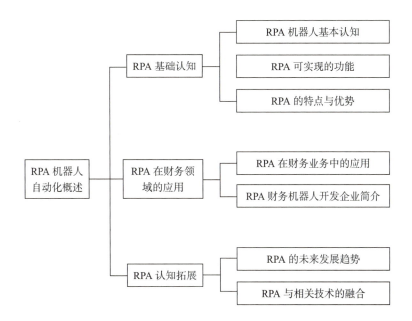

学习目标

知识目标

1. 熟悉RPA的概念、功能、技术架构和发展历程，了解RPA的特点与优势。

2. 了解RPA在财务业务中的具体应用场景、常见的几款RPA财务机器人以及RPA未来发展的趋势。

技能目标

1. 能够根据企业需求，选择合适的RPA财务机器人。

2. 能够区分RPA机器人流程自动化和传统财务工作之间的差异。

3. 能够列举出RPA机器人的主要优势。

思政目标

1. 培养学生的创新意识和数字化思维，使其能够积极拥抱新技术，适应数字化转型的发展趋势。

2. 培养学生的责任感和合规意识，确保学生在使用RPA技术时，能够遵守相关法律法规和企业制度，保证数据的安全性。

3. 培养学生的团队合作精神，使其能够与企业其他部门协同工作，共同推动企业的数字化转型。

4. 培养学生的终身学习意识，使其能够不断学习和掌握新技术，提升自身的竞争力。

党的二十大报告明确提出，"加快建设制造强国、质量强国、航天强国、交通强国、网络强国、数字中国"[①]，体现了党中央高度重视数字化转型。随着数字化转型的深入，新一轮的科技革命和产业变革不断推进，数字化和智能化在经济发展中所发挥的作用也愈发显著。在财务领域，新技术的应用正逐步改变传统的工作方式。例如，光学字符识别（optical character recognition，OCR）、自然语言处理（natural language processing，NLP）、应用程序接口（application programming interface，API）等工具的应用，可以高效抓取数据，实现智能审核，并能高效处理基础性工作，显著提升财务工作的效率和准确度，为企业财务管理和决策提供支持。

未来，财务机器人、自动化、智能合约等技术的应用，将会赋予财务部门更强的财务分析、经营决策、预算管理和风险管控能力。财务机器人将替代人工执行重复、烦琐的工作，让财务人员有时间去从事具有复杂性、创新性的工作。智能合约可保障交易的安全性和可信任度，增强管理的透明度和可追溯性。

财务数字化转型是时代发展的大势所趋，它不仅是财务部门的工作，更是关乎整个企业的运作。财务数字化转型可大幅度提升企业的运营效率和竞争力。例如，机器人流程自动化（robotic process automation，RPA）技术在财务数字化转型中发挥着重要的作用。RPA是一种软件技术，通过模拟人类用户执行那些重复性的任务，如数据输入、文件处理等，实现业务流程自动化。RPA在财务领域的应用，可以大幅度提升工作效率，减少人为错误，降低运营成本，使企业财务人员能够专注于更有价值的分析和战略规划工作。同时，随着RPA与AI（人工智能）、机器学习等技术的结合，其智能化水平将不断提升，为财务数字化转型注入强劲的动力。

任务一　RPA基础认知

任务背景

经理：财务工作实在太烦琐了，就拿报税来说，不仅需要仔细核对数据，还要上报很多项目。我每天都在重复做这些工作，如果能有自动操作的工具就好了。

小张：经理，您可能还不了解，现在有一种叫RPA的工具，它能够24小时不间断

---

① 习近平.高举中国特色社会主义伟大旗帜 为全面建设社会主义现代化国家而团结奋斗——在中国共产党第二十次全国代表大会上的报告[EB/OL].（2022-10-25）[2024-08-01].https://www.12371.cn/2022/10/25/ARTI1666705047474465.shtml.

地自动处理财务相关的业务，可大大减轻我们的工作负担。

经理：哦，听起来很不错。那RPA具体是做什么的？它能够应用在哪些具体的工作流程中呢？

小张：RPA是一种软件技术，它可以模拟人类用户的操作，自动执行那些重复性高、规则性强的任务。在财务领域，它可以用于发票处理、数据录入、报表生成、税务申报等方面。

经理：这真是太好了。看来我要赶紧学习一下，跟上时代发展的步伐。

小张：确实如此。随着数字经济的持续发展，财务工作正变得越来越数字化和智能化。我们财务人员要不断学习并掌握新技术，只有这样，才能不断提升工作效率，避免被时代所淘汰。

任务目标

根据上述场景描述，我们要完成以下任务：（1）熟悉RPA的概念；（2）熟悉主要的RPA功能；（3）了解RPA的优势。

一、RPA机器人基本认知

（一）RPA机器人产生的背景

随着信息技术的飞速发展，企业需要处理的数据量呈爆炸式增长。诸多的业务流程包含大量重复的作业，如数据录入、文件整理、报表生成等。这些类型的业务不仅烦琐枯燥、效率低下，还容易产生人为错误。传统依靠人工处理的方式已无法满足企业快速发展的需求，企业迫切需要一种能够高效、准确处理这些重复性工作的解决方案。RPA机器人正是

RPA 背景介绍

在这样的背景下应运而生的，它可以模拟人类的操作，自动执行规则明确的任务，这大大提高了工作效率和准确性。此外，人工操作不仅成本高，还存在培训周期长、人员流动率高等问题。而RPA机器人可以24小时不间断工作，且部署成本相对较低。通过使用RPA机器人，企业可以降低人力成本，提高运营效率，从而在激烈的市场竞争中占据优势。

同时，人工智能、机器学习等技术的不断迭代更新，也为RPA机器人的发展提供了有力的支持，使其功能不断完善，应用范围也在不断扩大。例如，在财务系统处理发票时，以往每处理一笔都需要人工登录库存管理系统，检查货物交付状况的记录。这是一项烦琐的工作，如果公司或组织规模庞大，就需要更多的人在计算机上重复执行该操作。而如果企业通过数字化转型升级，开发库存管理系统，就可以直接从系统中获取数据，并在自动进行比对后完成发票的处理工作。通过软件开发，日常烦琐的货物检查工作不再需要人工介入，这就是自动化。自动化在很多工作中都体现出了巨大价值。具体的人机执行力对比情况如表1-1所示。

表 1-1　人机执行力对比情况

对比项目	人工执行	（RPA）机器人执行
工作效率	受限于人的生理和心理状态，工作效率相对较低，容易出现疲劳和分心，效率波动较大	可 24×7（在一天 24 小时、一周 7 天的时间里）不间断工作，工作效率稳定且高，不受疲劳和情绪影响
准确性	容易产生人为错误，如数据录入错误等	严格按照预设程序执行，准确性高，出错概率极低
成本	包括薪资、福利、培训等成本，长期成本较高	一次性投入成本相对较高，后续维护成本远远低于人工成本
可扩展性	受人员数量和能力限制，扩展难度较大	可快速部署和复制，容易实现大规模应用和扩展
适应性	对新任务和变化的适应相对迟缓，需要重新培训	可通过软件编程快速适应新任务和变化

（二）RPA 的定义

RPA 即机器人流程自动化，它是一种利用软件机器人或人工智能来自动执行重复性业务、流程和任务的技术。RPA 的核心思想是，通过模拟人类用户与数字系统交互的方式，自动执行一系列由预定义规则驱动的任务，从而提高效率、减少错误，并降低成本。因此，RPA 也被视为"虚拟劳动力"，是对需要高韧性、高强度工作的有效补充。这种技术通常应用于数据处理、事务处理、信息迁移、数据输入和业务流程管理等领域。

RPA 通过模拟人类的行为，如鼠标点击、键盘输入、数据复制粘贴等，来自动执行那些基于规则且重复性高的任务。这种自动操作不仅能显著加快业务流程的速度，提高准确性，还能够释放人力资源，让员工能够专注于更复杂、更有创造性的工作。此外，RPA 的应用可以减少人为错误，确保数据的一致性和质量，从而提升企业的运营效率和市场竞争力。

RPA 软件机器人可以与现有的 IT 系统无缝对接，无须改变现有的基础设施。RPA 通过用户界面与各种应用程序进行交互，处理事务，触发响应和执行通信。RPA 解决方案通常包括流程分析、流程设计、机器人开发、部署和监控五个关键步骤。企业通过实施RPA，可以快速实现业务流程自动化，提高生产力，同时还可保持业务的灵活性和可扩展性。随着技术的不断进步，RPA 正逐步与机器学习、自然语言处理等 AI 技术相融合，以实现更为高级的自动化功能。

（三）RPA 的发展历程

RPA 是过去 30 年间通过对各种技术的发展和传承，逐渐演化并发展起来的。

20 世纪 90 年代，DOS 和 Windows 操作系统支持以命令行的方式逐条执行任务，因为部分流程包含若干个相互嵌套依存的任务，为了方便流程的执行，批量处理脚本技术便应运而生。通过代码编写生成的 .bat 等批处理脚本，通常被用于执行如定时开关系统、自动化运维、日志处理、文档定时复制、文件移动或删除等固定任务动作。这些脚本一般采用手动或按计划任务启动的机制，可提供按日期、日历、周期等多种方式的触发规则。不过，这些程序严格来讲并不属于典型的RPA程序，它们只是自动化处理的雏形。

RPA产品的真正成型是从2015年开始的，在这一时期，UiPath、Application Anywhere、Blue Prism、NICE、WorkFusion等公司相继成立，并都获得了巨额风险投资。在这个阶段，国外的RPA企业运用可视化流程拖曳设计以及操作录制等先进技术，部分替代了过去依赖编程来构建机器人流程的传统方式，促进了RPA在产业领域中的大规模应用和落地实施。

到了2019年，Gartner Group公司公布了对企业未来发展具有重大影响的十大关键技术榜单，RPA荣登榜首。对于国内创投圈来说，2019年也被视为"RPA元年"。这一年，RPA初创企业受到了全行业的关注，各类RPA企业竞相推出产品并抢占市场份额，RPA也开始在各行各业得到广泛应用。

目前，RPA技术已经成为企业数字化转型的关键技术之一。随着云计算、大数据和人工智能等技术的发展，RPA技术也将逐步实现智能化、自动化和高效化。在其发展的过程中，RPA技术大致经历了4个不同的发展阶段，具体内容如表1-2所示。

表1-2　RPA的发展及特点介绍

发展阶段	主要优缺点
辅助性RPA（Assisted RPA）RPA 1.0阶段	作为以"虚拟助手"形象出现的RPA，几乎涵盖了机器人自动化的主要功能，以及现有桌面自动化软件的全部操作。其部署在员工PC机上，以提高员工的工作效率。 缺点：难以实现端到端的自动化，成规模应用还很难。
非辅助性RPA（Unassisted RPA）RPA 2.0阶段	被称为"虚拟劳动力"的RPA，主要目标是实现端到端的自动化以及虚拟员工分级。其主要部署在VMS虚拟机上，能够编排工作内容、集中化管理机器人、分析机器人的表现等。 缺点：RPA软件机器人的工作仍然需要人工控制、管理和维护。
自主性RPA（Autonomous RPA）RPA 3.0阶段	被称为"规模化的多功能虚拟劳动力"的RPA，主要目标是实现端到端的自动化。其通常部署在云服务器和SaaS（Software as a Service，软件即服务）上，能实现如自动分级、动态负载平衡、情景感知、高级分析和工作流管理等功能。 缺点：处理非结构化数据仍较为困难。
认知性RPA（Cognitive RPA）	RPA通过运用人工智能、机器学习以及自然语言处理等技术，以实现非结构化数据的处理、预测规范分析、自动任务接收处理等功能。 缺点：开发难度大，硬件配置受限。

二、RPA可实现的功能

RPA机器人的十大基础功能如表1-3所示。

表1-3　RPA机器人十大基础功能

基础功能	具体功能描述
数据搜索	通过预先设定好的规则，RPA机器人可自动访问内外网，灵活获取页面元素；根据关键字段搜索数据，提取并存储相关信息。

续表

基础功能	具体功能描述
数据迁移	RPA 具有灵活的扩展性和无侵入性，可集成在多个系统平台上，跨系统自动处理结构化数据，可进行数据迁移，并能检测数据的完整性和准确性，且不会破坏系统原有的结构。
数据录入	RPA 机器人可借助 OCR 技术识别需要录入系统的纸质文件数据，将读取的数据信息自动录入系统并进行归档。
OCR 识别	RPA 机器人可依托 OCR 技术对扫描所得的图像进行识别处理，进一步优化并校正分类结果，将提取的图片关键字段信息转化为可供结构化处理的数据并输出。
信息审核	基于 OCR 技术对图像信息的识别，RPA 机器人可根据预设规则，模拟人工执行操作任务，并对识别完成的文字信息进行审核与初加工，完成从图像到信息的转换。
上传下载	不同系统平台间常常需要传递数据及文件信息。RPA 机器人可模拟人工操作，自动登录多个异构系统，并将指定数据及文件信息上传至特定系统；也可从系统里下载指定数据及文件信息，并按预设路径进行存储。
筛选统计	对于原始的结构化数据，RPA 机器人可按照预先设定好的规则，自动筛选数据，并根据筛选后的数据进行统计、整理等后续处理，从而得出满足企业实际管理需求的数据信息。
整理校验	RPA 机器人能对提取的结构化数据和非结构化数据进行转化和整理，并按照标准模板生成文件，实现从数据采集到数据整理再到数据输出的全流程自动化运作。此外，RPA 还能自动校验数据信息，并对错误数据进行分析和识别。
生成报告	根据标准的报告模板，RPA 可按照规则要求，对内外部获取的数据信息加以整合，并自动生成报告。
推送通知	在任务处理过程中，RPA 可将识别出的关键信息，自动推送给处于任务节点的相关工作人员，及时传递信息，达成流程跟进的目的。

三、RPA 的特点与优势

相比于传统技术软件，RPA 具有独特之处，它可以自动执行重复性的、基于规则的任务，从而提升工作效率、减少错误并优化业务流程。以下是 RPA 的一些具体的特点与优势。

（一）RPA 的特点

1. 高度模拟人类操作

RPA 软件能够精准地模拟人类在工作中的部分操作，如鼠标点击、键盘输入、数据复制粘贴等。它可以像业务人员一样登录各种企业内外部系统，自如地打开文件、填写表单，实现与不同软件和系统之间的交互，极大地增强了工作的灵活性和适应性。

2. 严格遵循规则执行

在财务领域，准确性和合规性至关重要。RPA 是按照预先设定好的规则进行操作的，这些规则可以根据财务法规、企业内部制度和业务流程进行定制。一旦规则确定下来，RPA 机器人就会严格按照规则执行任务，不会出现偏差，确保财务数据的准确性和业务处理的合规性。

3. 批量化重复性执行

财务工作存在大量重复性的任务，如数据录入、报表生成、对账等工作。RPA 机器人能够不知疲倦地稳定执行这些重复任务，并且在每次执行过程中都能保持高度的一致性和准确性，从而极大地提升工作效率。

4. 非侵入式快速部署

RPA可以在不影响现有企业系统架构的前提下进行部署。它通过模拟人类操作与现有系统进行交互，无须对系统的底层代码进行修改。这种非侵入式的部署方式降低了实施风险，减小了对企业正常业务的影响，同时也使得RPA的部署更为快速和便捷。

（二）RPA的优势

1. 提高财务效率

RPA机器人可以快速准确地执行财务任务，大大缩短业务处理时间。例如，在发票处理、费用报销等流程中，RPA机器人可以自动识别发票信息、验证合规性，并将数据录入财务系统，整个过程只需几分钟，而人工处理可能需要几个小时甚至更长时间。同时，RPA机器人可以全天候不间断工作，进一步提升了财务处理的效率。

2. 降低人力成本

通过使用RPA机器人，企业可以减少对人力资源的需求，从而降低人力成本。再者，RPA机器人的高准确率可以减少人为错误导致的返工和损失，进而降低纠错成本。此外，RPA机器人的快速执行能力可以加快资金周转，降低资金成本。

3. 提升财务质量

RPA机器人严格按照预设规则执行任务，不会出现人为的错误和偏差，确保了财务数据的准确性和完整性。同时，RPA机器人可以对财务流程进行标准化和规范化处理，提高财务工作的质量和一致性。这有助于企业更好地满足监管要求，降低财务风险。

4. 增强业务合规性

在财务领域，业务合规性是企业必须遵守的重要原则。RPA可以确保业务流程的合规性，它按照预设规则和流程进行操作，避免了人为的违规行为。同时，RPA可以对财务数据进行实时监控和审计，及时发现并纠正违规行为，增强企业的财务合规性。

5. 快速响应业务变化

随着企业业务的不断发展和变化，业务流程也需要不断地调整和优化。RPA具有高度的灵活性和可扩展性，可以快速响应业务所产生的变化。当业务流程发生变化时，只需对RPA机器人的规则进行修改即可，无须进行大范围的系统改造。这使得企业能够更高效地应对市场变化和业务需求的变化。

任务二　RPA在财务领域的应用

任务背景

经理：之前听你说过RPA能够替代人工做很多重复性的工作，我们公司财务部也想用这项技术，只是不知道可以运用到哪些场景。

小张：随着RPA技术的不断发展，在营销和销售、采购和付款、发票生成等环节都有广泛的应用。现在企业都在做数字化转型，RPA技术可以助力这些环节的数字化升级。

经理：真的吗？那真是太好了，我们公司目前也想进行数字化转型，特别是财会业务方面。你这边有没有好的RPA财务机器人推荐？我们也想用，但是不知道哪一款适合我们公司。

小张：可以啊，经理。我等会整理出相关资料发到您的办公邮箱。您可以了解一下这些财务机器人，看看哪一款适合我们公司。

经理：好的，小张你汇总一下资料，我研究一下，挑选一款适合我们公司的。

任务目标

根据上述场景描述，我们要完成以下任务：（1）熟悉RPA财务场景的应用；（2）了解财务领域企业RPA应用案例；（3）了解常见的几款RPA财务机器人。

一、RPA在财务业务中的应用

（一）RPA财务机器人在资金管理中的应用

RPA在财务中的
应用

资金管理是企业财务管理的关键组成部分，主要包括专项资金管理、流动资金管理和固定资金管理。以下是RPA财务机器人在资金管理中的四个主要应用方面。

1. 资金收付管理

资金收付是企业资金管理的核心环节之一。RPA财务机器人可以自动处理资金收付相关任务，如收款确认、付款审批、资金划拨等。当收到客户的付款时，RPA财务机器人可以自动识别收款信息，并与销售订单进行匹配，确保收款的准确性。它可以根据预设规则，自动生成收款凭证，并将相关信息录入财务系统。在付款环节，RPA财务机器人可以根据采购订单和发票中的信息，自动发起付款审批流程，并跟踪审批进度，一旦审批通过，它可以自动执行付款操作，确保资金可以按时支付给供应商。此外，RPA财务机器人还可以定期对资金收付情况进行对账，若发现异常情况，则可以及时提醒财务人员进行处理。

2. 资金预算管理

资金预算是企业资金管理的重要依据。RPA财务机器人可以协助财务人员进行资金预算的编制、执行和监管。在预算编制阶段，RPA财务机器人可以收集历史数据、市场信息等相关资料，并运用数据分析算法对数据资料进行系统分析，为财务人员提供预算建议。在预算执行阶段，它可以实时监控资金的使用情况，将实际支出与计划支出进行比对，及时发现预算执行偏差并发出预警。同时，RPA财务机器人还可以根据预设规则，自动调整预算分配，确保资金的合理使用。在预算监管阶段，它可以生成详细的预算执行报告，为管理层提供决策支持。

3. 资金风险管理

资金风险是企业面临的重要挑战之一。RPA财务机器人可以帮助企业识别和评估资金风险，并采取相应的措施进行风险防范。例如，RPA可以实时监控企业的资金流动情况，分析资金的来源和去向，从而发现潜在的资金风险点。同时，RPA财务机器人还可以对企业的债务情况进行分析，评估企业的偿债能力，以便及时发现债务风险。此外，它还可以协助企业制定风险管理策略，如建立风险预警机制、制定应急预案等，提高企业应对资金风险的能力。

4. 资金报表分析

资金报表是反映企业资金状况和运营情况的重要工具。RPA财务机器人可以自动生成资金报表，并进行深入分析。它可以从财务系统中提取相关数据，按照预设的格式和指标，生成资金日报、周报、月报等报表。同时，RPA财务机器人还可以运用数据分析工具，对资金报表进行深入分析，挖掘数据背后蕴含的信息，为企业管理层提供决策支持。例如，它可以分析资金的周转率、收益率等指标，评估企业的资金运营效率，还可以分析资金的流向，为企业的投资决策提供参考。

除了以上四个方面，RPA财务机器人还可以在银行对账、票据管理、外汇管理等方面发挥作用。总之，RPA财务机器人的应用可以大大提升企业资金管理的效率，降低人工操作的风险和成本，为企业的发展提供有力支持。

（二）RPA财务机器人在税务管理中的应用

在数字化时代，RPA财务机器人正逐渐成为税务管理领域的重要工具。它以高效、准确和可靠的特点，为企业和税务部门带来了诸多变革。以下将从四个方面详细阐述RPA财务机器人在税务管理中的应用情况。

1. 纳税申报业务

纳税申报是企业税务管理中的关键环节，也是一项烦琐且容易出错的工作。RPA财务机器人可以从企业的财务系统、发票管理系统等数据库中自动提取相关数据，如销售额、进项税额、销项税额等，并按照税务申报的格式和要求，准确地填写纳税申报表。在申报过程中，它可以自动进行数据校验，确保申报数据的准确性和完整性。此外，RPA财务机器人还可以实现纳税申报的自动提交。它可以按照预设的时间节点和流程步骤，自动登录税务申报系统，将填写好的纳税申报表提交给税务部门。这不仅提高了纳税申报的效率，还确保了企业能够按时完成纳税申报工作，避免因逾期申报而产生的罚款和滞纳金。

2. 发票管理智能化

发票是税务管理的重要依据，企业需要对大量的发票进行管理，包括发票的开具、接收、认证和归档等。RPA财务机器人可以实现发票管理的智能化。

在发票开具环节，RPA可以根据销售订单自动开具发票，并将发票信息同步传输到财务系统和税务系统。在发票接收环节，RPA可以自动识别并提取发票上的关键信息，如发票号码、金额、税率等，并将这些信息录入企业的发票管理系统。同时，它还可以对发票进行真伪鉴别，确保企业收到的发票都是真实有效的。对于进项发票的认证工作，RPA可以自动登录税务认证平台，对企业收到的进项发票进行认证。它还可以根据发票的认证状态，及时提醒用户进行处理。在发票归档环节，RPA可以将发票按照一定的规则进行分类和归档，方便企业进行查询和审计。

3. 税务风险预警

税务风险是企业面临的重要风险之一，如果不能及时发现和处理，可能会给企业带来严重的经济损失。RPA 可以通过对企业税务数据的实时监控和分析，及时发现潜在的税务风险，并发出预警。RPA 可以对企业的纳税申报数据进行分析，检查其是否存在申报异常的情况，如销售额突然大幅下降、进项税额与销项税额比例异常等。它还可以对企业的发票使用情况进行监控，监测是否存在虚开发票、发票重复报销等不良情况。一旦发现税务风险，RPA 会立即向用户发出预警，并提供详细的风险分析报告，帮助用户及时采取措施进行处理。此外，RPA 还可以根据税务法规的变化，自动更新风险预警指标，确保企业能够及时适应新的税务政策和法规要求。

4. 税务审计辅助

税务审计是税务部门对企业纳税情况进行检查和监督的重要方式。在税务审计过程中，企业需要提供大量的税务资料和数据，这是一项耗时费力的工作，而 RPA 可以为税务审计提供辅助支持。首先，RPA 可以自动收集和整理企业的税务资料，如纳税申报表、发票、财务报表等，并按照审计要求进行分类和归档。它还可以根据审计人员的要求，快速准确地提供所需的税务数据和信息。其次，RPA 还可以对税务审计过程中发现的问题进行跟踪和管理。它可以记录审计问题的具体情况、处理进度和结果，确保企业能够及时整改审计中发现的问题，避免再次出现类似的税务风险。

（三）RPA 财务机器人在预算管理中的应用

预算编制过程较为烦琐，在预算执行过程中又缺乏有效的监管手段，同时企业的预算分析过程往往也在深度与广度上有所欠缺。为了解决这些问题与挑战，如今越来越多的企业开始引入 RPA 技术，以对预算管理流程进行优化和改进。以下将从四个方面详细阐述 RPA 财务机器人在预算管理中的应用情况。

1. 预算编制自动化

预算编制是预算管理的基础环节，通常需要进行大量的数据收集、整理和分析工作。RPA 财务机器人可以从企业的各个业务系统中自动提取相关数据，如销售数据、采购数据、生产数据等。这些数据经过整理和分析后，就可以为预算编制提供依据。RPA 可以按照预设的预算编制模板和规则，自动生成初步的预算方案。在生成预算方案的过程中，机器人还会进行数据校验，确保数据的准确性和合理性。此外，RPA 还可以对预算方案进行多版本比较和分析。它可以快速生成基于不同假设条件的预算方案，从而帮助管理层更好地进行决策。

2. 预算执行监控

预算执行监控是确保预算目标得以实现的关键环节。RPA 财务机器人可以实时监控企业的各项业务活动，将实际数据与预算数据进行对比。RPA 可以从财务系统、业务系统中自动获取实际发生的收入、成本、费用等数据，并与预算数据进行对比。一旦发现实际数据与预算数据存在较大差异，RPA就会立即发出预警，提醒相关人员进行处理。同时，RPA还可以对预算执行情况进行定期分析并生成报告。它可以生成详细的预算执行报告，包括预算执行进度、差异分析、存在的问题及相关建议等内容。这些报告可以为管理层提供及时、准确的信息，帮助他们了解预算执行情况，以便及时调整经营策略。

3. 预算调整智能化

在预算执行过程中，由于市场环境变化、企业内部调整等，可能需要对预算进行调整。RPA财务机器人可以根据预设的规则和算法，自动进行预算调整。当实际情况发生变化时，RPA可以自动收集相关数据，如市场价格波动、销售订单增减等，然后，根据这些数据和预设的调整规则，对预算进行智能调整。此外，RPA还可以实现对预算调整审批流程的自动化管理。它可以将预算调整申请自动提交给相应的审批人员，并跟踪审批进度。

4. 预算分析与决策支持

预算分析是预算管理的重要环节，RPA财务机器人可以帮助企业管理层了解预算执行情况。RPA可以对大量的预算数据进行快速分析，如按部门、按项目、按时间等维度进行分析。RPA可以生成直观的图表和报表，清晰地呈现预算执行情况、差异分析、趋势预测等内容。这些分析结果可以帮助管理层快速了解企业的经营状况。同时，RPA财务机器人还可以结合人工智能技术，进行预算预测和模拟分析。它可以根据历史数据和当前的市场情况，预测未来的预算执行情况，并在不同的假设条件下展开模拟分析。

二、RPA财务机器人开发企业简介

随着企业数字化转型升级进程的不断加快，RPA财务机器人正逐渐成为企业财务管理领域的重要力量。以下将详细介绍四家具有代表性的RPA财务机器人开发企业。

（一）UiPath

UiPath是一家全球领先的机器人流程自动化（RPA）软件公司，成立于2005年，总部设在美国纽约。该公司最初专注于开发自动化测试工具。不过随着时间的推移，UiPath逐渐将业务重点转向RPA领域，并在此领域迅速崛起，成为全球首屈一指的RPA软件供应商。

1. 产品与技术优势

UiPath的RPA平台具有以下优势。

（1）易于使用

RPA平台提供了直观的可视化设计界面，用户无须具备专业的编程知识，只需通过拖拽控件（活动）和进行属性配置的操作方式，就可轻松创建自动化流程，这大大节省了开发成本和时间。

（2）功能多样化

RPA能支持多种财务流程的自动化，如发票处理、财务报表生成、银行对账等。同时，平台还具备人工智能和机器学习方面的功能，凭借这些功能能够不断优化自动化流程，从而提高准确性和效率。例如，通过光学字符识别技术，UiPath可以自动识别并提取发票上的关键信息，实现发票处理的自动化。

（3）高扩展性

RPA平台可以与其他企业软件系统集成，如企业资源计划（enterprise resource planning，ERP）系统、客户关系管理（customer relationship management，CRM）系统等，以实现端到端的业务流程自动化。此外，它还提供了丰富的插件和应用程序编程接口（application programming interface，API），方便用户进行定制化开发，能够满足不同企业的特定需求。

（4）高安全性

RPA平台采用了先进的安全技术，确保企业数据的安全和隐私。平台支持多种身份验证方式和数据加密技术，从而有效防止数据泄露和非法访问情况的发生。

2.客户案例

UiPath的客户遍布全球众多行业，包括金融、医疗、制造、零售等领域。许多全球500强企业都选择了UiPath的RPA解决方案，以提高财务工作的效率和准确性。例如，可口可乐公司利用UiPath的财务机器人实现了发票处理的自动化，大大提高了财务部门的工作效率，也减少了人为错误。联合利华则通过UiPath的自动化平台优化了财务报表生成流程，从而缩短了制作报表的时间，并提高了数据的准确性。

（二）Blue Prism

Blue Prism成立于2001年，总部设在英国沃灵顿。该公司是RPA领域的先驱企业之一，早在2003年就推出了第一款RPA产品。经过多年的发展，Blue Prism在全球范围内已拥有广泛的客户群体，尤其是在金融、电信、公共事业等行业，其表现突出。

1. 产品与技术优势

Blue Prism的RPA平台具有以下优势。

（1）安全性高

Blue Prism的RPA平台采用了严格的安全防护措施，确保企业数据的安全和隐私。平台支持多种身份验证方式和数据加密技术，同时还具备审计跟踪功能，能够对自动化流程进行全面的监控和管理。

（2）稳定性强

凭借多年的实践和优化，Blue Prism的产品已具有高度的稳定性和可靠性，能够满足企业对关键业务流程开展自动化改造的需求。该平台采用了分布式架构和负载均衡技术，确保在业务高并发情况下仍能稳定运行。

（3）支持复杂流程

Blue Prism的RPA平台适用于处理复杂的财务流程，如财务审计、税务申报等。该平台提供了丰富的功能模块和工具，用户可以根据实际需求进行灵活配置和定制。同时，Blue Prism还支持与其他企业软件系统的集成，实现无缝对接。

（4）智能化程度高

Blue Prism的RPA平台结合了人工智能和机器学习技术，能够实现更加智能的自动化处理。例如，通过自然语言处理技术，该平台可以理解并处理人类语言，从而实现与用户的自然交互。

2. 客户案例

Blue Prism的客户涵盖众多大型企业和机构，如汇丰银行、英国电信、英国国家医疗服务体系（NHS）等。在财务领域，Blue Prism帮助众多企业实现了财务流程的自动化改造，这不仅提高了财务工作的效率和准确性，还降低了运营成本。例如，汇丰银行利用Blue Prism的财务机器人实现了贸易融资流程的自动化，加快了处理速度、增强了准确性，同时也降低了风险。

（三）Automation Anywhere

Automation Anywhere成立于2003年，总部设在美国加利福尼亚州。该公司是全球顶尖的RPA供应商之一，致力于为企业提供全面的自动化解决方案。

1. 产品与技术优势

Automation Anywhere的RPA平台具有以下优势。

（1）智能自动化

Automation Anywhere的RPA平台结合了人工智能、机器学习和自然语言处理等技术，能够实现更为智能的自动化处理。例如，平台可以自动识别和处理非结构化数据，如文档、图像等，从而提高数据录入的准确性和效率。

（2）多渠道支持

该平台支持多种渠道的自动化运作，如桌面应用、Web（网页）应用、移动应用等。同时，该平台还可以与物联网设备集成，实现更为广泛的自动化应用。例如，通过与传感器和设备的集成，该平台可以实现自动化的生产监控和设备维护。

（3）快速部署

该平台提供快速部署的解决方案，能够帮助企业在短时间内实现财务流程的自动化。该平台采用了云原生架构和容器化技术，方便用户开展部署和管理工作。同时，它还提供了专业的技术支持和服务，确保用户系统的稳定运行。

（4）开放性和可扩展性

该平台具有高度的开放性和可扩展性，支持与其他企业软件系统的集成。同时，它还提供了丰富的开发工具和API，方便用户进行定制化开发，以满足不同企业的特定需求。

2. 客户案例

Automation Anywhere的客户涵盖了全球众多行业，包括金融、制造、医疗、零售等领域。许多知名企业选择Automation Anywhere的RPA解决方案，以提高财务工作效率和准确性。例如，戴尔公司利用Automation Anywhere的财务机器人实现了应收账款管理的自动化，加快了收款速度并提高了收款的准确性。西门子公司则通过 Automation Anywhere 的自动化平台优化了财务预算编制流程，缩短了预算编制时间，提高了预算的准确性。

（四）来也科技

来也科技成立于 2015 年，总部设在中国北京。该公司是中国处于领先地位的 RPA+AI 企业，致力于为企业提供智能化的自动化解决方案。

1. 产品与技术优势

来也科技的 RPA 平台具有以下优势。

（1）本土化优势

来也科技的 RPA 平台充分考虑了中国企业的实际需求和特点，推出了本土化的解决方案。例如，支持中文自然语言处理、能够与国内主流软件系统进行集成等。同时，来也科技还提供专业的技术支持和服务，确保用户系统的稳定运行。

（2）智能助手

该平台推出了智能助手产品，能够与用户进行自然语言交互，帮助用户快速了解并使用 RPA 自动化流程。同时，智能助手还可以根据用户的需求开展智能推荐和优化工作，从而提升用户的工作效率。

（3）安全可靠

该平台采用了先进的安全技术，确保企业数据的安全和隐私。该平台支持多种身份验证方式和数据加密技术，同时还具备审计跟踪功能，能够对自动化流程进行全面的监控和管理。

（4）开放性和可扩展性

该平台具有高度的开放性和可扩展性，支持与其他企业软件系统的集成。同时，来也科技还提供了丰富的开发工具和 API，方便用户进行定制化开发，以满足不同企业的特定需求。

2. 客户案例

来也科技的客户涵盖了中国的多个行业，包括金融、电信、制造、能源等领域。许多企业选择来也科技的 RPA 解决方案，以提高财务工作效率和准确性。例如，华夏基金利用来也科技的财务机器人实现了财务报表合并的自动化，提高了报表合并的效率和准确性。山东能源集团则通过来也科技的自动化平台优化了采购付款流程，缩短了付款周期，提高了资金的使用效率。

任务三　RPA 认知拓展

任务背景

经理：我们公司已经开始使用 RPA 来自动处理定时的跨系统银企对账全流程，其准确率确实很高。这虽然解放了我们的一部分劳动力，但它目前只能处理一些简单应用场景下的工作。像合同审核和单据审核这类复杂的任务，RPA 似乎还无法胜任。你们有没有更好的解决方案？

小张：经理，您所说的是传统的 RPA 应用。现在，随着 AI 技术的不断融入，RPA 已经发展到了一个新阶段，被称为智能 RPA。它不仅能够处理常规的自动化任务，还能借助 AI 的功能，拓展应用到更为复杂的财务应用场景，比如合同审核和单据审核等。

经理：听起来很有发展前景。我确实需要深入了解一下 RPA 的最新发展情况和未来发展趋势，以便我们能更全面地利用这项技术，进一步解放我们的劳动力和脑力。

小张：是的，经理。在当前的数字经济时代，财务工作正变得越来越数字化和智能化。作为财务人员，我们必须不断学习并更新知识，以适应这些变化，否则就会跟不上时代的步伐。

任务目标

根据上述场景描述，我们要完成以下任务：（1）熟悉 RPA 未来发展的趋势；（2）了解 RPA 与其他技术的融合。

一、RPA 的未来发展趋势

随着科技的不断进步，RPA 正逐渐成为企业数字化转型的重要工具。RPA 的发展不仅能带来工作效率的提升、营业成本的降低，更有望在企业核心业务层面实现流程自动化，从而加速推进企业创新发展，突破生产力方面所遭遇的瓶颈。从技术角度看，RPA 的未来发展趋势主要集中在以下四个方面。

（一）智能化程度不断提高

目前，常规的 RPA 主要是基于具体规则进行自动化处理那些重复性、规律性的任务。然而，未来的 RPA 将更加智能化，它能够理解和处理非结构化数据，进行自然语言处理和机器学习。例如，RPA 可以通过读取和理解电子邮件、文档和聊天记录等非结构化数据，自动提取其中的关键信息并进行相应的处理。同时，RPA 还可以通过机器学习算法不断优化自身的性能，提高任务处理的准确性和高效性。

智能化的 RPA 还将具备自主决策的能力。在处理复杂任务时，RPA 可以根据不同的情形进行自主决策，并选择最佳的处理方式。例如，在处理客户投诉时，RPA 可以根据投诉的内容和历史处理记录，自主判断投诉的严重程度，并采取相应的处理措施。这种自主决策的能力将使 RPA 变得更加灵活和高效，从而能够更好地适应不断变化的业务环境。

（二）与人工智能技术深度融合

人工智能（AI）技术如机器学习、自然语言处理、计算机视觉等与 RPA 的融合将是未来的发展趋势。这种融合将使 RPA 具备更强大的功能，能够处理更为复杂的业务流程。

通过与自然语言处理技术的融合，RPA 可以构建起智能客服体系。例如，RPA 可以自动回答客户提出的问题，处理客户的投诉，以提高客户的满意度。同时，通过与计算机视觉技术的融合，RPA可以实现图像识别和处理。例如，在物流行业，RPA可以通过识别货物的条形码和二维码，自动进行货物的分拣和配送。

此外，与人工智能技术的深度融合还将使RPA拥有预测分析的能力。RPA可以通过分析历史数据和业务发展趋势，预测未来的业务需求和风险，为企业的决策环节提供支持。例如，在金融行业，RPA可以通过分析客户的交易记录和行为模式，预测客户的信用风险和投资需求，为银行的风险管理和客户营销工作提供支持。

（三）行业应用领域不断拓宽

目前，RPA主要应用于财税、金融、保险、电信、制造等行业。然而，随着RPA技术的不断发展和成熟，其应用领域将不断拓宽。未来，RPA将广泛应用于医疗、教育、政府等行业。

在医疗行业，RPA可用于医疗数据的录入和管理、医疗费用的结算、医疗设备的维护等方面。例如，RPA可以从电子病历系统中自动提取患者的信息，并将其录入医疗保险系统，以提高医疗费用结算的效率。在教育行业，RPA可用于学生信息的管理、课程的安排、考试成绩的统计等方面。例如，RPA可以从学生的考勤系统中自动提取学生的出勤情况，并将其录入学生的成绩管理系统，以提高教学管理的效率。在政府行业，RPA可用于政务数据的管理、行政审批、公共服务等方面。例如，RPA可以从政府的数据库中自动提取企业的注册信息，并将其录入企业信用管理系统，以提高政府的服务效率并强化监管力度。

（四）云端化和平台化发展

随着云计算技术的不断发展，RPA也逐渐朝着云端化和平台化的方向发展。云端化的RPA将使企业能够更加便捷地部署和使用RPA解决方案，在降低成本的同时也提高了工作效率。而平台化的RPA将使企业能够更加灵活地定制和扩展RPA功能，以满足不同企业的业务需求。

云端化的RPA可以通过软件即服务（SaaS）的模式提供给企业使用。企业只需通过互联网连接到RPA云平台，即可使用RPA解决方案。这种模式无须企业购买和维护硬件设备及软件系统，从而降低了企业的运营成本和风险。同时，云端化的RPA还可以实现多租户共享，提高资源利用率并进一步降低成本。

平台化的RPA将提供一个开放的平台，让企业和开发者能够在平台上定制和拓展RPA功能。企业可以根据自己的业务需求，在平台上开发和部署自己的RPA应用程序。同时，开发者也可以在平台上发布自己的RPA插件和工具，为其他企业和用户提供服务。这种平台化的发展模式将促进RPA生态系统的构建和发展，推动RPA技术的不断创新和进步。

二、RPA与相关技术的融合

RPA通过模拟人类在计算机上的操作，实现业务流程的自动化，以提高工作效率并降低成本。然而，RPA并非孤立存在的，它与其他相关技术的融合将为企业创造出更多的价值。以下将从四个方面进行阐述。

（一）RPA与人工智能的融合

人工智能（AI）技术如机器学习、自然语言处理、计算机视觉等与RPA的融合，将为企业带来更强大、更智能的自动化应用能力。

1. 机器学习与RPA

机器学习算法可以帮助RPA系统不断地学习和优化自身的行为。例如，通过对历史数据的分析，RPA可以自动调整其操作流程，以提高工作效率和准确性。同时，机器学习还可用于预测工作和异常情况的检测环节，帮助企业提前发现潜在的问题，并及时采取应对措施。

2. 自然语言处理与RPA

自然语言处理技术可使RPA系统理解和处理人类语言。例如，RPA可以通过自然语言处理技术自动读取和理解电子邮件、文档和聊天记录等，能提取关键信息并进行相应的处理。此外，在自然语言技术的加持下，RPA还可用于智能客服领域，可以自动回答客户提出的问题，处理客户的投诉和建议，以提高客户的满意度。

3. 计算机视觉与RPA

计算机视觉技术能够让RPA系统对图像和视频数据进行识别与处理操作。例如，在制造业中，RPA可以通过计算机视觉技术检测产品的质量，以提高生产效率和产品质量。

（二）RPA与大数据的融合

大数据技术可以为RPA提供丰富的数据资源，帮助RPA系统更好地理解业务流程和做出决策。

1. 数据采集与RPA

大数据采集技术可以帮助RPA系统获取更多的数据来源。例如，通过网络爬虫技术，RPA可以从互联网中抓取相关的数据信息，为企业的决策提供支持。同时，大数据采集技术还可以用于数据清洗和预处理工作，提高数据的质量和可用性。

2. 数据分析与RPA

大数据分析技术可以帮助RPA系统分析和处理大量的数据。例如，通过数据挖掘和机器学习算法，RPA可以从大量的数据中发现潜在的信息和趋势，为企业的决策提供支持。同时，大数据分析技术在预测和优化方面能为企业带来诸多好处，帮助企业提高业务效率和降低成本。

3. 数据可视化与RPA

数据可视化技术可以帮助RPA系统将数据以直观的方式呈现给用户。例如，通过图表和报表等形式，RPA可以将数据分析结果展示给用户，帮助用户更好地了解业务情况和做出决策。同时，数据可视化技术还可用于监控和预警工作，帮助企业及时发现潜在问题并及时采取应对措施。

（三）RPA与云计算的融合

云计算技术可以为RPA提供灵活的部署和运行环境，降低企业的运营成本和风险。

1. 云部署与RPA

云计算平台可以为RPA系统提供灵活的部署方式。企业可以根据自身的需求选择公有云、私有云或混合云等不同的部署方式，以降低企业的硬件和软件成本。同时，云部署还可以提高RPA系统的可扩展性和可靠性，满足企业不断变化的业务需求。

2. 云服务与RPA

云计算平台可以为RPA系统提供丰富的云服务。例如，企业可以通过云计算平台使用人工智能、大数据分析等云服务，为RPA系统提供更为强大的功能。同时，云服务还可以帮助企业降低技术门槛和成本，提高RPA系统的部署和使用效率。

3. 云安全与RPA

云计算平台可以为RPA系统提供安全可靠的运行环境。云计算平台通常具有严格的安全措施和备份机制，可以保障RPA系统的数据安全和业务连续性。同时，云计算平台还可以提供安全审计和监控等服务，帮助企业及时发现和处理安全隐患问题。

（四）RPA与物联网的融合

物联网技术可以为RPA提供更多的数据源和控制对象，在物理层面上可以实现更为广泛的自动化应用。

1. 设备连接与RPA

物联网技术可以使RPA系统与各种设备进行连接和交互。例如，通过连接传感器和物联网网关等设备，RPA可以自动获取设备的状态信息，并进行相应的处理。同时，RPA还可以通过物联网技术对设备进行远程控制和管理，从而提高设备的运行效率和可靠性。

2. 数据分析与RPA

物联网技术可以为RPA系统提供大量的设备数据。通过对这些数据的分析，RPA可以实现设备的预测性维护和优化运行。例如，通过分析设备的运行数据，RPA可以提前发现设备的故障隐患，并采取相应的维护措施，避免设备故障对业务运营产生不利影响。

3. 智能决策与RPA

物联网技术可以使RPA系统与其他智能设备协同工作，实现智能决策和自动化控制成效。例如，在智能工厂中，RPA可以与机器人、自动化生产线等设备协同工作，实现生产过程的自动化和智能化。同时，RPA还可以通过物联网技术与其他企业系统进行整合，实现企业间的协同运作和优化目标。

模块总结

●RPA 的基础认知：RPA 即机器人流程自动化，它是一种软件技术，通过模拟人类用户执行那些重复性、规则性明确的任务。RPA 在财务领域的应用可以显著提升工作效率和准确性，并能有效降低运营成本。

●RPA 的功能：RPA 能够实现包括数据搜索、数据迁移、数据录入、OCR 识别、信息审核、上传下载、筛选统计、整理校验、生成报告和推送通知等一系列功能。

●RPA 的特点与优势：RPA 具有高度模拟人类操作、严格遵循规则执行、批量化重复性执行和非侵入式快速部署等特点。其优势包括提高财务效率、降低人力成本、提升财务质量、增强业务合规性和快速响应业务变化。

●RPA 的应用场景：RPA 主要应用于财务流程中的资金管理、税务管理、预算管理等环节，同时也适用于金融、制造业、医疗、零售、物流和能源等多个领域。

●RPA 与相关技术的融合：RPA 正与 AI、机器学习、自然语言处理等技术融合，提升智能化水平，为财务数字化转型注入强劲动力。

●RPA 的未来发展趋势：RPA 的未来发展趋势包括智能化程度的提高、与 AI 技术的深度融合、行业应用的拓宽以及云端化和平台化发展。

模块测试

模块测试

模块二 UiPath 软件技术概述

学习导图

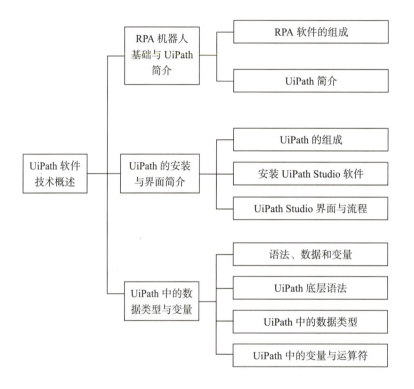

学习目标

知识目标

1. 了解 RPA 及 UiPath 软件的基本概念、发展历程、组成部分和优势。
2. 掌握 UiPath 软件的可视化设计。
3. 熟悉 UiPath 中的基本数据类型、自定义数据类型和其他数据类型。
4. 掌握并能运用 UiPath 中数据类型的转换方法。
5. 掌握 UiPath 中变量的创建方法、运算符的运算逻辑以及变量的命名要求。

技能目标

1. 能够正确地下载并安装 UiPath 软件。
2. 了解 UiPath 三个基本工具的功能和作用。

3. 熟悉 UiPath Studio 软件安装的基本操作。

4. 掌握 UiPath Studio 界面布局与流程类型，以及各界面的功能和操作方法。

思政目标

1. 培养学生的逻辑思维能力，提升学生的逻辑意识。

2. 培养学生细致的思维方式，提高学生的创新思维能力。

UiPath是一款由UiPath公司开发的企业级RPA软件，其核心使命在于帮助企业实现自动化业务处理。尽管UiPath并非一款开源软件，但它在企业日常工作自动化方面发挥着重要的作用，并迅速成为RPA领域最受欢迎的软件之一。

UiPath提供了一系列功能强大的工具，帮助企业设计、开发和部署自动化流程。它采用可视化的方式构建自动化流程，这使得非专业技术人员也能够轻松地创建自动化流程。UiPath的界面设计简洁直观，同时还提供了丰富的活动库，包括键盘模拟、鼠标模拟、数据提取和处理等功能。用户只需从活动库中选择适合业务需求的活动（控件），并将它们拖放到设计界面上，就可以构建出完整的自动化流程。

UiPath还具备强大的数据处理和转换能力。它可以从多种来源和格式中提取数据，并进行转换和处理操作。用户可以利用内置的数据抓取工具，如光学字符识别和机器学习等内嵌活动，准确地提取并识别文本、图像和表格中的数据。此外，UiPath还支持与其他应用程序和系统的集成，如企业资源计划系统和客户关系管理系统，以实现更好的数据交互和共享。

除了流程设计和数据处理功能外，UiPath还提供了功能强大的调试、测试和部署工具，以确保自动化流程运行的稳定性和可靠性。用户可以模拟和调试流程，同时收集和分析运行时产生的数据，以便进行性能优化和问题排查工作。一旦流程调试完成，用户便可将其部署到生产环境中，并根据需要进行监控和管理。

UiPath可提供详细的在线培训文档、教程和视频，这些资源能帮助用户快速上手并掌握相关技能。此外，UiPath还拥有一个庞大的社区，用户可以在社区中交流经验、分享技巧，并且能够获取来自专家和其他用户的支持与帮助。

任务一　RPA机器人基础与UiPath简介

任务背景

小郭：唉！这工作太烦琐了，全都是重复性的手动输入工作，既单调又枯燥，让人精神疲惫！张姐，你说什么时候我们才能摆脱这样的低效率工作状态呢。

小张：现在就可以啊。我们可以利用RPA机器人，使用自动化方式，辅助我们做一些重复性的工作，这样我们就能从重复性的流程化任务中解脱出来了。

小郭：这么棒！你快跟我详细介绍一下RPA是什么。而且，市面上有那么多RPA软件，我们该选择哪一种呢？

任务目标

根据上述场景描述，我们要完成以下任务：（1）了解RPA机器人的基本组成，包括流程设计器、机器人执行器以及管理控制台；（2）了解UiPath软件的基本情况，包括其产品优势、发展历程以及产品套件。

一、RPA软件的组成

为了让RPA机器人能够基于预定规则处理大量重复性、流程化的工作任务，从而实现提高工作效率、降低工作失误率、大幅度降低运营成本的目的。RPA产品需要具备图像和语音识别技术、语音合成技术、机器手臂技术、自动驾驶技术，同时还应拥有统计分析能力、决策能力和学习能力，这样才能使机器能够模仿人的操作行为。目前，市面上存在着多种机器人流程自动化（RPA）软件，这些软件的构成及使用方式各不相同，但一般来说，RPA软件的组成主要包括以下三部分。

（一）流程设计器

1. 可视化界面

流程设计器通常会提供一个可视化的界面，用户可以通过拖拽、连接等操作来构建自动化流程。这种可视化的设计方式，使得用户无须具备专业的编程知识，也能轻松创建复杂的自动化流程。例如，在UiPath的流程设计器中，用户先从活动库中选择各种预定义的活动（控件），如鼠标点击、键盘输入、文件处理等，然后将这些活动按照业务流程的顺序进行连接，从而构建出一个完整的自动化流程。

2. 逻辑控制

流程设计器还具有丰富的逻辑控制功能，如条件判断、循环、分支等，让用户可以根据不同的业务场景来控制自动化流程。例如，用户可以设置一个判断条件，当某个文件存在时，就执行特定的操作，否则就执行另一个操作。这样可以使自动化流程变得更加灵活和智能，可适应不同的业务需求。

3. 数据处理

在自动化流程中，数据处理非常重要。流程设计器通常需要提供各种数据处理功能，如数据提取、数据转换、数据验证等，让用户可以方便地处理各种类型的数据。例如，用户可以先使用数据提取功能从网页、文档、数据库等数据源中提取所需的数据，然后使用数据转换功能将这些数据转换为统一的格式，最后使用数据验证功能确保数据的准确性和完整性。

（二）机器人执行器

1. 模拟人类操作

机器人执行器的主要功能是模拟人类在计算机上的操作，如鼠标点击、键盘输入、窗口切换等。它可以与各种应用程序进行交互，包括桌面应用程序、Web应用程序、企业软件等。例如，当自动化流程需要在某个软件中输入数据时，机器人执行器就可以模拟人类的键盘输入操作，将数据输入对应的字段。

2. 任务调度

机器人执行器还应具备任务调度的功能，能根据预设好的时间或事件来触发自动化流程的执行。例如，用户可以设置一个定时任务，让机器人在每天特定的时间自动执行某个自动化流程，或者设置一个事件触发任务，当某个文件被创建或被修改时，机器人可自动执行与之相对应的流程。

3. 错误处理

在自动化流程的执行过程中，可能会出现各种错误情况，如应用程序崩溃、网络中断、数据错误等。机器人执行器需要具备良好的错误处理能力，能够及时检测到错误并采取相应的措施，如重试、跳过、报警等，以确保自动化流程的稳定运行。

（三）管理控制台

1. 流程管理

管理控制台应具备对自动化流程进行集中管理的功能。用户可以在管理控制台上查看、编辑、启动、停止自动化流程，还可监控其执行情况。例如，用户可以在管理控制台上查看某个自动化流程的执行日志，了解流程的执行进度和结果，或者对流程进行编辑和优化，以提高流程的效率和准确性。

2. 机器人管理

管理控制台还应对机器人执行器进行管理，包括机器人的部署、配置、监控等。用户可以在管理控制台上查看机器人的运行状态、任务队列、错误日志等信息，还能对机器人进行远程控制和管理。例如，用户可以在管理控制台上启动或停止某个机器人执行器，或者将机器人分配到不同的任务队列，以提高机器人的利用率和工作效率。

3. 安全管理

由于RPA软件往往会涉及企业的敏感数据和业务流程，因此，安全管理是非常重要的。管理控制台需要具备安全管理功能，包括用户认证、权限管理、数据加密等，以确保自动化流程的安全性和可靠性。例如，用户可以在管理控制台上设置不同用户的权限，限制用户对敏感数据和业务流程的访问，或者对自动化流程中的数据进行加密，防止数据泄露。

二、UiPath简介

（一）UiPath的产品优势

目前，在RPA开发领域，国际主流的厂商有UiPath、Automation Anywhere、Blue Prism、Work Fusion、Win Automation，国内有艺赛旗、云扩、来也、金智维、达观等。其中，UiPath作为一款处于领先地位的RPA开发软件，以其强大的功能和卓越的技术优势，助力企业实现业务流程的高效自动化。

UiPath拥有直观且易用的可视化设计界面。对于非专业编程人员来说，这是一个巨大的优势。用户无须深入学习复杂的编程知识，仅需通过拖放各类活动（控件）模块，就能轻松构建自动化流程。无论是数据录入、文件处理，还是复杂的业务逻辑判断，都能在可视化界面中清晰地呈现并构建出来。同时，其强大的录制功能可以将用户的操作步骤自动转化为流程代码，进一步加快了开发速度，降低了开发门槛。

UiPath的一大特色是拥有丰富的活动（控件）库。它涵盖了众多常见的操作场景，从基本的鼠标点击、键盘输入，到高级的数据处理、网页操作和系统交互等都有涉及。这使得用户在面对不同的业务需求时，能够迅速找到合适的活动模块进行组合，快速搭建出高效的自动化流程。例如，在财务部门，可以利用UiPath自动处理大量的发票数据录入和报表生成工作；在客户服务领域，能够实现自动回复常见问题的功能，提高客户满意度。在集成能力方面，UiPath可以与多种企业常用的软件系统进行无缝集成，如ERP系统、CRM系统以及办公软件等。这种集成能力打破了不同系统之间的数据壁垒，实现了跨系统的业务流程自动化。通过支持多种技术和协议，如Web服务、API和数据库连接等，UiPath保障了与不同类型系统的稳定交互和数据传输。

UiPath的机器人具有高效且准确的执行力，能快速执行自动化流程，大大提高了业务处理效率。与人工操作相比，其不受疲劳、情绪等因素的影响，可以24/7不间断地工作，确保业务流程的稳定性和可靠性。管理控制台为用户提供了强大的监控和管理功能，可以实时查看机器人的运行状态、任务执行进度以及错误日志等信息。管理员可以根据实际情况对机器人的任务进行调度和分配，优化资源利用率。

此外，UiPath还积极拥抱人工智能与机器学习技术。通过结合光学字符识别、自然语言处理等人工智能技术，能够对各类文档或图片进行智能识别和处理，提取关键信息。机器学习算法则使机器人能够不断学习并优化自动化流程，提高任务执行的准确性和高效性。例如，在处理异常情况时，机器人可以根据以往的经验进行判断和处理，减少人工干预。

（二）UiPath的发展简介

UiPath是一家全球性的专注于提供RPA解决方案的企业自动化软件公司。它通过其AI驱动的业务自动化平台，帮助企业实现业务流程自动化，从而提高效率和生产力。UiPath的平台集成了包括RPA、人工智能、机器学习等多种技术，使得自动化流程更加智能和高效。

UiPath作为全球顶尖的RPA开发软件，自诞生以来便在企业数字化转型的浪潮中发挥着重要作用。随着时间的推移，公司逐渐意识到企业对流程自动化的巨大需求，于是将业务重心转向RPA领域。在早期阶段，UiPath的产品主要面向小型企业，通过提供简单易用的自动化工具，帮助用户提高工作效率。经过多年的发展，UiPath不断完善产品功能和技术架构，逐渐成为全球RPA市场的领军者之一。如今，UiPath的客户遍布全球众多行业，包括金融、医疗、制造、零售等领域。公司产品不仅在企业内部得到广泛应用，还被越来越多的政府机构和公共服务部门所采用。

UiPath的产品套件包括UiPath Studio（用于设计自动化流程的桌面开发环境）、UiPath Robot（执行自动化任务的软件机器人）和UiPath Orchestrator（用于管理和监控自动化任务的云服务）。这些工具共同构建了一个强大的自动化生态系统，使得企业能够快速实现数字化转型。

在发展过程中，UiPath 始终坚持创新和开放的理念。公司不断投入大量资源用于研发，推出了一系列包含人工智能集成、无代码开发、云部署等具有创新性的功能和特性的产品。同时，UiPath 还积极与其他技术厂商合作，构建了一个开放的生态系统，为用户提供更加丰富的解决方案和技术服务。

任务二　UiPath 的安装与界面简介

任务背景

小郭：太好了，原来 UiPath 这款软件就可以满足咱们单位工作的需要，我迫不及待地想要学会并使用它，让它协助我完成工作了！

小张：别急啊，你得先下载并安装 UiPath 软件，然后还要了解 UiPath 的基本构成，如此才能进行自动化流程的开发、运行等后续工作。

小郭：你说得对。UiPath 作为一款备受欢迎的 RPA 软件，在中国也拥有很多用户，我要去下载一个中文版的 UiPath，这样使用起来更方便。

任务目标

根据上述场景描述，我们要完成以下任务：（1）了解 UiPath 的三个基本工具（Studio、Robot、Orchestrator）的功能及作用；（2）熟悉 UiPath Studio 软件安装的基本操作；（3）掌握 UiPath Studio 界面布局与流程类型。

UiPath 简介

一、UiPath 的组成

UiPath 的主要功能通过其三个核心组件实现，它们分别是 Studio、Robot 和 Orchestrator，如图 2-1 所示。

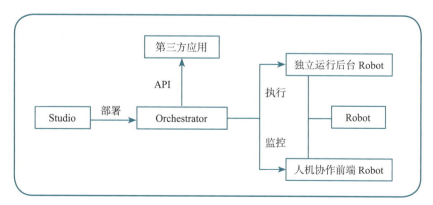

图 2-1　UiPath 的组成

（一）Studio 设计编辑器

Studio 是强大的、用户友好的流程自动化画布，是 UiPath 平台的一个重要组件。它是一款可视化流程设计编辑器，用来创建Workflow（工作流）的流程设计工具。Studio具有丰富的预构建活动集合，能与多种编程语言集成，并提高易用性、可伸缩性和设计效率。

Studio是UiPath的主要编辑工具，利用它的图形化界面或者编程功能，可以方便地设计出各种自动化流程，是用于集成应用程序、自动执行第三方应用程序、管理IT任务和业务流程的完整解决方案。

Studio采用直观的拖放编辑功能，并拥有可以自定义活动的内置库，利用数百个活动和预先建立的自动化组件，使得操作更加灵活便捷，能完美兼容SAP和Java等编程语言，可读取或写入任何类型的文档。

Studio有专门的录制器，可以记录用户的操作并能将它们构建到一个自动化工作流中。Studio提供了四种类型的录制器，即Basic、桌面、Web和Citrix。从Studio的可扩展库中共享和重复使用现成的自动化组件，可以节省开发时间和成本。同时，为了快速方便地排除故障，可视化调试器在流程运行出现问题时，会突出显示准确的、易于理解的错误信息。

（二）Orchestrator网络应用程序

Orchestrator是UiPath中一个具备高度可扩展性的服务器平台，可实现RPA机器人的快速部署。它可以详细跟踪机器人的计划，并检查流程许可证的使用情况。Orchestrator平台可承载上万个自动化机器人同时运行，并可以审核和监视它们的活动，安排所有类型的工作进程和管理工作队列。它已经集成了传统行业中Database(数据库)、MQ(message queue，即队列管理)和OA（office automation，即办公自动化）等系统所具备的功能。

Orchestrator实质是一种基于Web的程序，它主要用来管理多个机器人的协同工作，帮助客户实施计划管理、流程管理和流程监控，并对流程运行的进度进行跟踪，从而实现对业务的全面掌控。

（三）Robot运行工具

Robot运行工具用来运行Studio生成的工作流（workflow）。Robot是UiPath公司RPA平台的基本组件，可以方便地通过Orchestrator进行管理。Robot执行由Studio创建的自动化流程，使流程按照设计好的方式运行下去。

Robot的运行方式有两种，一种是需要人工参与的，即需要人工控制流程开关。另一种则是不需要人工参与的，即不需要人工监控就可在各种环境下运行，包括虚拟环境。对于前一种方式，它在工作站上运作，由直接命令或特定工作流程事件触发。对于后一种方式，它在Orbestator的部署下，无论是物理环境还是虚拟环境，都可以在批处理模式下基于特定规则自动触发工作并高效运行，可通过日程安排设定，实现远程访问、工作负荷管理、任务报告、内部审计以及安全集中监控等功能。

二、安装UiPath Studio软件

步骤一：访问UiPath官网"http://www.uipath.com"，并单击右上角的"Try UiPath Free"，如图 2-2 所示。

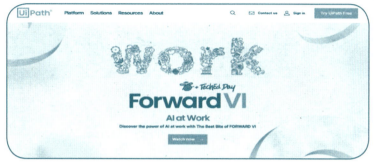

图 2-2　访问官网

步骤二：单击界面左边的"获取Automation Cloud"社区版选项后，接着输入用于注册的电子邮箱地址和密码，如图 2-3 所示。

图 2-3　注册相关信息

步骤三：登录邮箱页面并进行验证，如图 2-4 所示。

图 2-4　登录信息验证

步骤四：先填写姓名、注册地所在的国家或地区，之后单击下一步，再填写云组织名称，进入个人中心页面后，单击右侧的"下载 Studio"按钮，如图 2-5 所示。

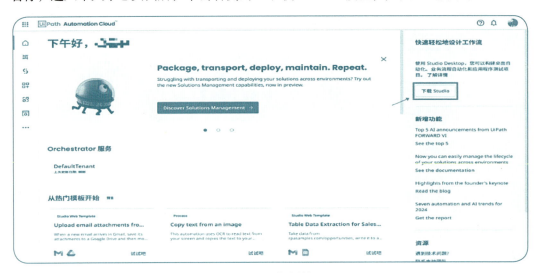

图 2-5　下载安装包

步骤五：打开存放安装程序的文件夹路径，双击运行"UiPath Studio Community"文件并进行安装。在安装的过程中，选择"快速"模式，同时勾选"我接受许可协议中的条款"复选框，再单击"安装"按钮，直至完成软件的安装，如图 2-6 所示。

图 2-6　安装 UiPath Studio

步骤六：进入软件的登录界面后，单击登录操作按钮。待登录成功后，会出现选择配置文件界面，在此界面中，找到并单击"UiPath Studio"按钮，如图 2-7 所示，即可配置 UiPath Studio 文件。

图 2-7　配置 UiPath Studio 文件

三、UiPath Studio界面与流程

（一）UiPath Studio界面介绍

UiPath Studio包含主界面、设计界面和调试界面三个面板，以方便用户访问特定功能。这三个面板都可以被固定在某一位置充当浮动窗口使用，还可以通过下拉列表启用隐藏面板功能，将它们隐藏起来。

1. 主界面

作用：当UiPath启动时，通常会显示一个初始化界面，这个界面主要用于从预定义项目中启动一个新项目，或者打开一个最近处理过的项目。

启用：单击右上方"新建项目"中的"流程"选项，此时会弹出"新建空白流程"对话框，在对话框中输入流程名称和相应说明后，单击"创建"按钮，即可创建一个新的流程项目，如图2-8所示。

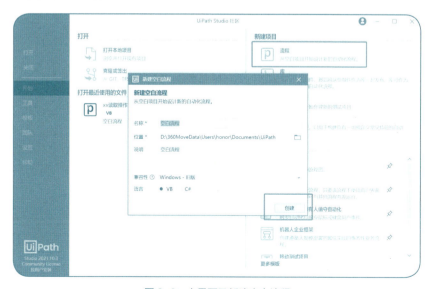

图 2-8　主界面及新建空白流程

功能及属性：在 UiPath 初始化界面左侧，有打开、设置等在内的一系列功能所对应的选项卡。下面将进行详细介绍，如表 2-1 所示。

表 2-1　初始界面选项卡功能介绍

选项卡	功能介绍
打开	这个选项允许用户打开现有的自动化项目或工作流。用户可以通过这个功能快速访问之前创建或保存的工作。
关闭	用于关闭当前打开的项目或工作流，或者退出 UiPath Studio。
开始	作为创建新工作流的入口，用户可以通过该选项卡选择创建一个空白工作流，或者利用 UiPath 提供的模板开始一个新项目。
团队	Studio 提供了通过后台视图中的团队页面将自动化项目连接到版本控制系统中的工具。在团队选项中，用户可以管理项目团队成员，包括添加新成员、分配角色和权限等。这对于协作项目来说非常重要，因为它允许多个用户共同在一个自动化项目上开展工作，特别是在开发需要多个用户协作的大型项目时，源代码控制系统非常方便。
工具	这个部分提供了一系列的工具和功能，用于支持自动化流程的开发。在工具选项卡中，可以为 Chrome、Firefox、Java 和 Silverlight 等网站或应用程序安装扩展程序。
设置	用户可以在设置中配置 UiPath 平台的各种选项，包括 UiPath Studio 的语言、主题风格等，也可以重置所有设置为默认值。
帮助	帮助选项提供了对 UiPath 平台的文档和支持资源的访问路径。通过帮助选项卡，可直接访问产品文档、发行说明、帮助中心、社区论坛和 RPA 学院。有关产品版本和安装信息、许可证详细信息、更新渠道和设备 ID 信息也可以在帮助选项卡界面找到。

2.设计界面

作用：在 UiPath 设计界面里，可以创建序列、流程图或状态机图，也可以启动它们，还能访问向导、管理变量，以及查看第三方应用程序的用户界面元素。

启用：一旦启动新建流程，就会看到项目的设计界面，如图 2-9 所示。

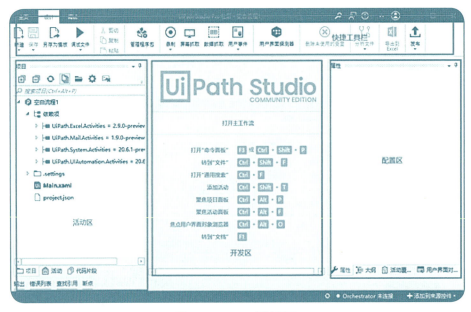

图 2-9　UiPath 设计界面

功能及属性：UiPath 设计界面选项卡的功能介绍，如表 2-2 所示。

表 2-2　设计界面选项卡功能介绍

界面窗口	功能介绍
快捷工具栏	快捷工具栏有丰富的功能，例如，可以在项目中新建序列、流程图和状态机；可安装和管理程序包；通过录制、屏幕抓取和用户事件与 UI 元素构建交互状态；可将工作流导出到 Excel，然后将项目发布到 Orchestrator 或自定义提要等。
活动区	活动区包含项目需要的基本活动，这些活动既可以直接被调用，也可以在搜索栏中搜索所需的活动。
开发区	单击"打开主工作流"后，便可进入项目开发区进行设计开发操作。开发区显示当前的自动化项目，用户能够对其进行更改，并可以快速访问变量、参数和导入内容。
配置区	配置区分为"属性""大纲"和"对象存储库"三部分。"属性"面板具有上下文关联性，用户利用它可以查看和更改所选活动的属性；"大纲"面板显示的是项目层次结构、所有可用变量和节点信息，并包含一个搜索框，用户利用它可以浏览大型自动化流程；"对象存储库"则允许在流程内部或跨流程间创建和重复使用 UI 分类法。

3. 调试界面

作用：UiPath 的调试界面主要用于调试文件、停止项目运行，还可测试断点、设置慢步骤以及打开日志。

启用：在快捷工具栏中，单击"调试"按钮，就能进入调试界面，如图 2-10 所示。

图 2-10　调试界面

功能及属性：UiPath 调试界面选项卡的功能介绍，如表 2-3 所示。

表2-3 调试界面选项卡功能介绍

选项卡	功能介绍
调试	启动调试模式后，就可以运行工作流并监测其执行过程。调试功能允许工作流逐行或逐活动地执行，以便详细观察每个步骤的执行情况。在调试过程中，可以实时查看工作流中各个变量对应的值。这有助于确定变量是否被正确赋值、是否在预期的取值范围内以及是否在流程的不同阶段发生了变化。调试模式通常会生成详细的日志记录，包括每个活动的执行时间、输入和输出参数以及出现的任何错误消息。这些日志可以帮助用户分析工作流的执行情况，并在出现问题时提供有价值的信息。
断点	断点是在工作流中的特定位置设置的标记，当工作流执行到断点时会暂停。断点能够暂停项目的执行，用户可以手动控制每一步的执行，以便在给定的点上检查流程的状态和变量的取值。如果遇到断点，项目的执行会在当前正在运行的活动结束之前暂停，并且只有在单击"进入"按钮启用它时才会恢复执行，还可以单击"跳过"按钮跳过某个活动。当用户想暂停某个活动的调试时，建议使用断点功能，这样就可以检查它正在使用的数据和当前结果。
慢步骤	慢步骤功能允许用户以较慢的速度执行工作流，以便更仔细地观察每个活动的执行过程。与正常运行项目不同，在调试模式下，项目将根据用户的设置执行。虽然无法更改活动的顺序，也不能跳过某个活动，但用户可以使用分步执行来获得密切关注项目的机会。在调试时，可以单击"慢步骤"选项进行调试。

（二）流程类型选择

UiPath Studio提供了自动化的工作流程设计工具。在创建一个新的流程项目后，当使用布局图来开发具体的工作流程文件时，UiPath Studio可提供序列、流程图和状态机三种类型的流程图，借助它们可将各类活动集成到工作流程文件中，如图2-11所示。

图 2-11 新建流程类别

1.序列

序列是UiPath Studio工作流程设计中最常用的布局图，如图2-12所示。序列包含一组按顺序执行的活动，一般按从上到下的线性形式呈现。序列多适用于线性的、活动相继发生且无重复步骤的情况。使用时，将活动按执行顺序依次添加到序列中即可。

图 2-12 序列

2.流程图

流程图是展示过程和步骤的图形，如图2-13所示。在流程图中，每个步骤都由带箭头的不同符号表示，它是一个能够放置创建的工作流自动化进程的容器控件。与序列不同，流程图可以呈现多个分支逻辑运算符，借助这些运算符可创建复杂的业务流程，并可以多种方式连接活动。不管是大型业务开发项目，还是可重复使用的小项目，流程图均可使用，特别是需要插入决策分支点以适应复杂的场景时，使用流程图就显得更为合适。

图 2-13　流程图

3.状态机

状态机是一种基于状态和状态转换的编程模型。在 UiPath 中，状态机由多个状态和处于这些状态之间的转换组成。其中，每个状态都对应着流程中的一个特定阶段或情况，而状态转换则界定了在特定条件下，从一个状态切换到另一个状态所需遵循的规则。

状态机通常使用状态图来表示，其本质是带有条件箭头的流程图，可以实现更为紧凑的逻辑呈现效果。当被某个活动触发时，状态机可以进入一种状态；当另一个活动被触发时，状态机就会退出当前状态，进入另一种状态。状态机的另一个重要方面就是转换。转换是用于添加从一种状态跳转到另一种状态所需的条件。转换是由箭头或者状态之间的分支来表示的。

任务三　UiPath 中的数据类型与变量

任务背景

小郭：张姐，我已经知晓 UiPath 软件的基本安装流程了，但是要让它帮助我工作，具体该如何进行操作呢？

小张：那肯定要先了解 UiPath 中的数据类型与变量，只有掌握了数据类型与变量的基本构成，才能顺利通过软件语言进行编译，把我们想要达成的目的正确地表达出来。换句话说，数据与变量堪称 RPA 的血液与灵魂。

小郭：原来如此。看来这是很重要的基础知识，我们赶快学起来吧！

任务目标

根据上述场景描述，我们要完成以下任务：（1）熟悉 UiPath 中的各种数据类型；（2）掌握并运用 UiPath 中数据类型的转换方法，了解不同数据类型之间的转换关系以及相关的转换函数和示例；（3）掌握 UiPath 中变量的定义与创建方式以及运算符的运算逻辑。

一、语法、数据和变量

（一）编程语法

编程语法在整个编程过程中起着关键作用，它为编程提供了规则和结构。语法是编程语言的规则，它定义了编写代码时必须遵守的结构和规则，规定了如何定义变量、如何操作数据以及如何构建程序的逻辑。

1. 变量声明语法

语法决定了变量的声明方式。不同的编程语言有着不同的语法规则用于声明变量，这些规则涵盖变量的名称、数据类型等方面。例如，在 Python 编程语言中，可以直接使用"变量名＝值"这种形式来声明变量。此外，语法还规定了变量的作用域和生命周期，这两项决定了变量在程序中的可见性和存在时间。

2. 数据操作语法

编程语法定义了各种操作数据的方式，如算术运算、逻辑运算、比较运算等。这些操作符合表达式的语法规则，而正是这些语法规则决定了数据究竟该如何进行计算和处理。

3. 控制结构语法

控制结构主要用于控制流程的执行顺序，其定义了任务执行的逻辑和条件。典型的控制结构有条件语句（if-else）、循环语句（for、while）等，这些结构根据不同的条件对数据进行不同的操作。

（二）数据

数据是编程的核心，它代表了程序要处理的信息。数据是程序处理的对象，包括数字、文本、图像、音频等任何形式的信息。

1. 数据类型与变量

数据类型决定了数据的存储方式和数据可执行的操作。不同的数据类型在计算机内存中会占用不同的空间，并且具有不同的取值范围和操作方法。变量是用于存储数据的容器，其所属的数据类型决定了可以存储哪种类型的数据。例如，整数类型的数据可以进行算术运算，而字符串类型的数据则用于存储文本信息。在编程过程中，需要根据数据的特点选择合适的数据类型，并使用对应的变量来存储和操作数据。

2. 数据的传递和转换

在程序运行时，数据可以在不同的流程之间传递和转换。语法规定了数据的传递方式，如函数中参数的传递、变量的赋值等。数据的转换也需要遵循语法规则。例如，将一个整数转换为字符串类型，或者将一个字符串转换为数字类型，都需要使用特定的语法结构或函数来实现。

（三）变量

变量是程序中用于存储数据的容器或标识符，其实质是数据的载体。在编程语法中，变量起到了连接语法和数据的作用。

1. 存储数据

变量是用于存储数据的容器。通过变量，可以将数据存储在内存中，并在程序的不同部分进行访问和操作。变量的名称是程序员用来引用数据的标识符。通过变量名，可以方便地访问和修改存储在变量中的数据。

2. 传递数据

变量可以作为函数的参数进行数据传递。在进行函数调用操作时，将变量的值传递给函数，函数就可以对这些数据进行处理，并返回相应结果。变量也可以在不同的程序模块之间传递数据，实现程序的模块化构建，增强程序的可维护性。

3. 数据的动态性

变量的值可以在程序运行过程中发生变化。通过对变量的赋值操作，可以改变存储在变量中的数据。这种动态性使得程序能够根据不同的情况处理不同的数据，实现更加灵活和复杂的功能。

（四）语法、数据和变量三者之间的关系

在程序当中，语法、数据和变量相互关联、相互作用。语法为变量的声明和数据的操作提供了规则，数据是编程的核心内容，而变量则是数据的载体，连接起了语法和数据，使得程序能够对数据进行有效的处理和操作。

变量是数据和语法之间的桥梁。变量根据语法规则来声明、定义、存储和操作数据。例如，在变量声明时，语法规则决定了如何正确地写出变量名、指定数据类型和进行初始化。语法规则定义了如何操作数据。不同的编程语言有不同的语法规则来定义如何对变量中的数据进行操作，如通过运算符进行计算、通过方法或函数进行处理等。数据不是一成不变的，语法规则还定义了数据在程序中的生命周期，包括数据的作用域（变量在程序中的可见范围）、持久性（变量在程序执行过程中的存活时间）和存储域（变量在内存中的存储方式）。

二、UiPath 底层语法

语法是任何计算机语言组成程序的基本规则，学习语法是掌握 UiPath RPA 软件的必备基础。在 UiPath 中，底层语法主要基于 .NET Framework，因此，VB.NET（Visual Basic .NET）是 UiPath 中使用的主要编程语言。与此同时，UiPath 还支持其他编程语言，如 C#（C Sharp）、Python 和 JavaScript，以适应不同开发者的需求和偏好。

在新建流程时，用户可以自由选择语言，一般默认的语言为 Microsoft VB.NET。VB.NET 是 UiPath 的核心编程语言，它简单易学，适合初学者使用。UiPath 的活动面板内置了大量预设的活动，这些活动本质上就是 VB.NET 的函数和子程序。这些活动的灵活使用，可以帮助快速构建起业务流程。VB.NET 有着强大的集成能力，它能轻松地与各类数据库、系统以及应用程序进行对接，并且支持多种高级功能，比如异常处理、集合和 LINQ 查询等。

在UiPath中，开发者可以使用VB.NET开发自定义活动，这意味着可以实现高度定制化的自动化组件，用以满足特定业务需求。自定义活动可以被封装为可重复使用的库，既可提高开发效率，也方便共享和复用。VB.NET的异常处理机制在UiPath中得到充分运用，开发者可以在流程设计中加入异常处理结构，从而保证自动化任务的稳定性和可靠性。

除了VB.NET之外，UiPath也支持C#。C#是一种现代的、通用的编程语言，具有强大的面向对象特性和丰富的库支持。从UiPath 2018.2版开始，UiPath引入了对Python的支持，Python是一种简洁、易读、易学的编程语言，非常适合数据处理和科学计算。此外，UiPath还支持JavaScript，特别是在使用Web自动化时，JavaScript是一种常用的客户端脚本语言，用于网页开发和动态交互。

三、UiPath中的数据类型

在UiPath中，数据类型丰富多样，它们在自动化流程中起着至关重要的作用。

（一）基本数据类型

1. 整数（Int32）

整数数据用于存储整数值，可用于计数、索引等场景。在UiPath中，整数类型的数据取值范围通常在−2147483648到2147483647之间。整数类型可以用来记录循环执行的次数或者存储物品的数量。

示例：10、25、−50。

2. 字符串（String）

字符串数据用于存储文本信息，包含字母、数字、符号等。在UiPath中，字符串可以进行拼接、截取、查找等操作。其主要用于存储文件名、路径、用户输入的文本等，可进行字符串的拼接、截取、查找等操作。

示例："VB""hello""您好""This is a string.""文件名.txt"。

3. 布尔值（Boolean）

布尔数据只有两个可能的取值，即True（真）和False（假）。常用于条件判断和逻辑运算，控制流程的分支走向。

示例：True、False。

4. 小数（Decimal）

小数数据用于存储带有小数部分的数值。在财务计算等需要高精度的场景中经常使用。多用于记录商品的价格或者计算财务报表中的数值。

示例：3.14、10.5、−2.75。

（二）复杂数据类型

1. 数组（Array）

数组是一种数据结构，它能够存储多个具有相同数据类型的元素。在UiPath中，可以通过索引访问数组中的元素，同时，也可以对数组进行遍历、排序、查找等操作。

示例：{1, 2, 3, 4, 5}（整数数组）、

{"apple", "banana", "orange"}（字符串数组）、

{True, False, True}（布尔值数组）。

2. 列表（List）

列表类似于数组，但更加灵活。列表可以动态地添加、删除元素，并且可以存储不同数据类型的元素。此外，列表还可以存储数量不确定的数据，如用户输入的多个值。

示例：new List<string>(){"item1", "item2", "item3"}、

new List<int>(){5, 10, 15}、

new List<bool>(){False, True, False}。

3. 字典（Dictionary）

字典是由键值对组成的数据结构。通过键可以快速地查找与之对应的值。其实质是存储映射关系，例如，将一个字符串映射到一个整数上。

示例：new Dictionary<string, int>(){{"one", 1},{"two", 2},{"three", 3}}、

new Dictionary<string, string>(){{"key1", "value1"},{"key2", "value2"}}。

（三）自定义数据类型

1. 结构体（Structure）

结构体是可以自定义的数据类型，由多个不同数据类型的字段组成。其用于表示复杂的数据结构，将相关的数据字段组合在一起，方便管理和操作。例如，创建一个包含姓名、年龄、性别等字段的人员信息结构体。

2. 类（Class）

类是面向对象编程中的概念，可以封装数据和函数方法。在UiPath中，类被用于创建更为复杂的自定义数据类型，实现更高级别的数据管理和功能封装。例如，创建一个表示订单的类数据，里面包含订单号、商品列表、客户信息等。

（四）其他数据类型

1. 日期时间类型（DateTime）

日期时间数据可用于存储日期和时间方面的信息，可进行日期和时间的相互比较、计算、格式化等操作。常用于记录某个事件发生的具体时间或者设定任务的截止日期。

2. 通用类型（Object）

通用数据可以存储任何类型的数据。在某些情况下，当数据类型不确定时，就可以使用通用类型。但使用通用类型可能会导致性能下降和类型安全方面的问题。作为一个通用的存储容器，虽可存储不同类型的数据，但在使用时需要进行类型转换。

3. XML类型（XmlDocument、XmlElement 等）

XML类型用于处理XML文档，可以读取、修改、创建XML文档的节点和属性。在与XML格式的数据进行交互时，如读取配置文件或处理XML格式的业务数据，便会用到该类型。

4. 数据表类型（DataTable）

数据表类似于数据库中的表结构，可以存储多行多列的数据，可以进行数据的添加、删除、修改、查询等操作。数据表既可以存储从数据库中读取的数据，也可作为中间结果进行数据处理。

（五）UiPath中的数据类型转换

在实际应用中，为了确保应用程序流程中使用的数据以正确的方式反映业务流程，可以进行数据类型转换。当将一种类型的数据赋值给另一种类型的变量时，会发生自动类型转换。UiPath中常用的数据类型转换方法，如表2-4所示。

表2-4　常用的数据类型转换方法

目标数据类型	原始数据类型	转换方法	示例
整数（Int）	字符串（String）	Int32.Parse()	字符串变量 str = "20"; 转换后，整数变量 intVar = Int32.Parse(str);
小数（Double）	字符串（String）	Double.Parse()	字符串变量 str = "3.14"; 转换后，小数变量 doubleVar = Double.Parse(str);
日期时间（DateTime）	字符串（String）	DateTime.Parse()	字符串变量 str = "2024-09-20"; 转换后，日期时间变量 dateTimeVar = DateTime.Parse(str);
布尔值（Boolean）	字符串（String）	Boolean.Parse()	字符串变量 str = "True"; 转换后，布尔变量 boolVar = Boolean.Parse(str);
字符串（String）	整数（Int）	变量.ToString()	整数变量 intVar = 10; 转换后，字符串变量 str = intVar.ToString();
字符串（String）	小数（Double）	变量.ToString()	小数变量 doubleVar = 2.5; 转换后，字符串变量 str = doubleVar.ToString();
字符串（String）	日期时间（DateTime）	变量.ToString()	日期时间变量 dateTimeVar = DateTime.Now; 转换后，字符串变量 str = dateTimeVar.ToString();
字符串（String）	布尔值（Boolean）	变量.ToString()	布尔变量 boolVar = true; 转换后，字符串变量 str = boolVar.ToString();
整数数组(Int[ ])	字符串数组（String[ ]）	通过循环和 Int32.Parse()	字符串数组 strArray = new string[ ]{"1", "2", "3"}; 整数数组 intArray = new int[strArray.Length]; for (int i = 0; i < strArray.Length; i++) { intArray[i] = Int32.Parse(strArray[i]); }
字符串数组（String[ ]）	整数数组（Int[ ]）	通过循环和变量.ToString()	整数数组 intArray = new int[ ]{1, 2, 3}; 字符串数组 strArray = new string[intArray.Length]; for (int i = 0; i < intArray.Length; i++) { strArray[i] = intArray[i].ToString(); }

四、UiPath中的变量与运算符

（一）UiPath变量简介

变量本质上是用于存储数据的容器。变量的值可以在程序运行过程中发生变化，并与特定的数据类型相关联。因此，变量在RPA中扮演重要的数据传递角色。在UiPath自动化流程开发工作中，变量是不可或缺的元素。它们如同构建自动化大厦的基石，贯穿于整个流程的各个环节，为数据的存储、传递和操作提供了基本的机制。

1.变量的基本特征

（1）数据的容器

UiPath中的变量，本质上就是数据的容器。它可以容纳不同类型的数据，而这些数据在自动化流程运行过程中，会被不断地处理、修改和使用。例如，在一个自动化的订单处理流程中，变量可能存储订单编号、客户姓名、订单金额等各种信息。

（2）动态性

变量具有动态性。其存储的值不是固定不变的，而是可以根据流程的执行情况予以更新。例如，在一个循环结构中，每次循环都可能会对变量的值进行重新计算或者重新赋值。

2.变量与自动化流程的交互

（1）数据采集

在自动化流程的起始阶段，变量常常会被用于采集数据。这多涉及从各种数据源获取信息，并将获取到的信息存储到变量中。例如，从用户输入界面获取用户输入的登录信息，然后将用户名和密码分别存储在不同的变量中，以便后续用于登录操作。

（2）数据传递

变量在流程中的不同活动之间传递数据。假设存在这样一个自动化流程：首先从数据库中读取客户订单信息，然后将订单的详细信息存储在变量中，最后存储在这些变量中的数据会被传递到后续的活动，如生成订单报告或者发送订单确认邮件等活动。

（3）决策依据

变量还可以作为决策的依据。例如，通过比较两个变量的值来决定流程的走向。如果一个变量存储的订单金额超过了某个预先设定的阈值，那么流程可能会触发额外的审批环节，反之则直接进行订单发货操作。

3.变量的表示形式

（1）在UiPath Studio中的显示

在UiPath Studio中，变量可以在变量面板中直观地显示。变量面板会列出变量的名称、类型、默认值（如果有的话）以及变量的作用域等重要信息。开发人员可以方便地查看和管理这些变量。

（2）在代码中的引用

在UiPath的自动化流程代码（例如，以XAML为基础的工作流文件）中，变量通过特定的语法进行引用。例如，在一个"Assign"活动中，会明确指定将某个表达式的值赋给一个特定的变量，在后续的活动中，如"Write Line"活动中，也可以通过变量名来引用变量的值，并输出到控制台等地方。

（二）变量的命名

在UiPath中，遵循良好的命名习惯是非常重要的，它不仅有助于提高代码的可读性，还能使其他开发人员或开发人员自身更容易理解和维护代码。

1. 变量命名要求

（1）表意性——准确传达用途、避免模糊性

变量命名必须准确地传达其用途。在UiPath自动化流程中，变量存储的数据具有不同的含义，如客户信息、订单详情或系统配置参数等。命名应直接与所存储的数据类型或功能相关。例如，若变量用于存储产品的库存数量，则可命名为"productInventoryQuantity"，这样在查看代码时就能迅速理解变量的意义，有助于提高代码的可读性和可维护性。

要避免使用模糊的名称。像"data""value"这类过于宽泛的命名是不可取的，因为它们无法确切表明变量所存储的数据内容。在一个复杂的自动化流程中，模糊的命名会使开发人员难以理解变量的用途，增加了代码调试和维护的难度。

（2）唯一性——在作用域内唯一

变量名在其作用域内必须是唯一的。在UiPath中，作用域可以是一个工作流、一个活动组或一个特定的函数等。如果在同一作用域内存在相同名称的变量，便会导致数据混淆和流程错误。例如，在一个订单处理的工作流中，如果有两个名为"orderId"的变量，当涉及对订单编号的操作时，程序就无法确定使用哪个变量的值了。

（3）可读性——符合逻辑与习惯

命名应符合逻辑并且遵循常见的命名习惯，这样方便开发人员阅读和理解代码。例如，使用"customerFirstName"和"customerLastName"分别来表示客户的名字和姓氏，这种命名方式符合人们对客户信息的常规理解。

2. 变量命名规则

（1）合法字符集

UiPath变量命名允许使用字母（a-z、A-Z）、数字（0-9）和下划线（_）。例如，"customer_1""productName"都是合法的命名。但是，变量名不能以数字开头，像"1product"就属于不合法的变量名。

（2）大小写敏感性

UiPath中的变量命名具备大小写敏感性。这意味着"CustomerName"和"customerName"是两个不同的变量。在编写代码时，必须注意区分大小写，以确保变量的正确使用。

（3）长度限制——合理的长度范围

虽然UiPath没有对变量命名的长度做出严格限制，但变量名应保持在一个合理的长度范围内。过短的命名可能无法准确表述变量的含义，而过长的命名又会使代码看起来冗长且不易阅读。例如，"customerFullName"就是一个比较合适的长度，既能准确表达含义，又不会显得过于冗长。

3.变量命名方式

（1）驼峰式命名法

驼峰式命名法在UiPath变量命名中是一种简洁且实用的方法。其核心规则是除第一个单词外，其余每个单词的首字母均大写，并且整个变量名不包含空格或标点符号（除了字母和数字外）。这种命名法有助于提高代码的可读性，尤其是在变量名较长的情况下，能够清晰地区分各个单词。

示例及分析：

"studentFirstName"，其中，"student"作为第一个单词首字母小写，"FirstName"则遵循后续单词首字母大写的规则，表明该变量大概率是用于存储学生的名字；

"productUnitPrice"，表明该变量与产品的单价有关；

"orderDeliveryDate"，表明该变量与订单的交付日期有关；

"customerContactNumber"，表明该变量是客户的联系号码。

（2）帕斯卡命名法

帕斯卡命名法要求变量名称由首字母大写的多个单词组合而成。这种命名法使变量名显得更加正式、规范，常用于表示特定的实体或者概念。

示例及分析：

"EmployeeFullName"，表明这是关于员工全名的变量；

"OrderTotalAmount"，表明这个变量是和订单的总金额相关的；

"ProductDescription"，表明这个变量是用于存储产品描述信息的；

"DepartmentHeadName"，这个变量则表示部门主管的名字。

（3）烤串命名法

烤串命名法使用连字符来代替空格，使得变量名在视觉上更易于区分各个单词，从而提高代码的可读性。

示例及分析：

"user-password"，明确表示这个变量与用户密码有关；

"product-category-name"，明确表示这个变量与产品类别名称相关；

"order-item-quantity"，明确表示这个变量是关于订单中物品数量的；

"department-location-code"，这个变量则表示部门的位置。

（4）蛇形命名法

蛇形命名法是将所有单词使用下划线连接起来，这种命名法在代码中能够清晰地展现变量的含义。

示例及分析：

"student_id"，表明这个变量用于存储学生的编号；

"product_type_name"，表明这个变量与产品类型名称有关；

"order_status_code"，表明这个变量与订单状态相关；

"customer_info_table"，表示这是一个关于客户信息表的变量。

（三）创建变量的方法

1.用快捷键"Ctrl+K"创建

在任何活动的属性面板中，用鼠标右键单击那些可以
编辑的字段，并从弹出的上下文菜单中选择"创建变量"
选项，或者按"Ctrl+K"快捷键，如图 2-14 所示，先输
入变量名，然后按回车键就完成了变量的创建。使用该
方法创建变量后，其数据类型在很多时候会默认设置为
String 文本类型。如果需要改变其数据类型，则需要在变
量面板中进行修改。

2.在变量面板中创建

在设计器面板中，先选择并单击左下角"变量"按
钮，将显示变量面板。随后单击如图 2-15 所示的"创建
变量"按钮，将新增一个变量行。此时，需要输入变量名称，选择变量类型和作用范

图 2-14　创建变量（1）

围，并在设置默认值（可以空缺）后，就完成了变量的创建工作。

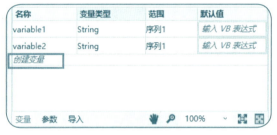

图 2-15　创建变量（2）

3.在变量类型中选择创建

在变量面板中，先从变量类型下拉列表的"浏览类型…"这一选项中选择"浏览并
选择.NET类型"。然后在"类型名称"后的输入框中，输入要查找的变量类型关键字
（如Double），输入完成后，下方的窗口内容就会立即更新，显示包含输入关键字的所
有.NET变量类型，如图 2-16 所示。接着选择正确的变量类型并单击"确定"按钮，该
数据类型就可以显示在变量面板的数据类型下拉列表中。

（四）UiPath运算符

在 UiPath 中，运算符是用来执行数学运算和逻辑运算的符号。在进行运算时，数据
之间需要用运算符来表示运算的过程和方式，运算符可以对变量和数据值进行操作，并
产生相应结果。运算符大致可以分为算术运算符、比较运算符、逻辑运算符、字符串运
算符和赋值运算符五种类型。

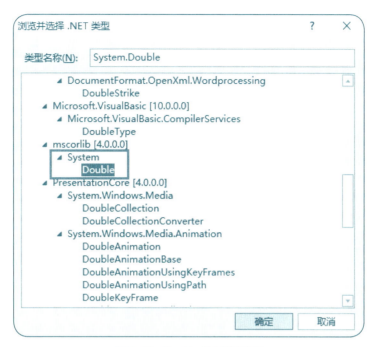

图 2-16　Double 数据类型选择

1. 算数运算符

算术运算符用于执行基本的数学运算，如表 2-5 所示。

表 2-5　算数运算符

运算符号	含义	示例
+	加法	int sum=5+3; 结果 sum=8
−	减法	int difference=5−3; 结果 difference=2
*	乘法	int product=5*3; 结果 product=15
/	除法	double quotient=10/2; 结果 quotient=5
%	取模（余数）	int remainder=10%3; 结果 remainder=1

2. 比较运算符

比较运算符用于比较两个值，并返回一个布尔值（True 或 False），如表 2-6 所示。

表 2-6　比较运算符

运算符号	含义	示例
=	等于	bool is Equal=(5=3); 结果 is Equal=False
<>	不等于	bool is Not_Equal=(5<>3); 结果 is Not_Equal=True
<	小于	bool is Less=(5<3); 结果 is Less=False
>	大于	bool is Greater=(5>3); 结果 is Greater=True
<=	小于或等于	bool is Less_Or_Equal=(5<=3); 结果 is Less_Or_Equal=False
>=	大于或等于	bool is Greater_Or_Equal=(5>=3); 结果 is Greater_Or_Equal=True

3. 逻辑运算符

逻辑运算符用于对布尔值进行逻辑运算，包括与、或、非等。它能把各个参与运算的关系表达式连接起来，组成一个复杂的逻辑表达式，以判断程序中的表达式是否成立，判断的结果是布尔值"True"或"False"，如表 2-7 所示。

表 2-7　逻辑运算符

运算符号	含义	示例
And	逻辑与	bool result=(true And false); 结果 result=False
Or	逻辑或	bool result=(true Or false); 结果 result=True
Not	逻辑非	bool result=Not false; 结果 result=True
AndAlso	短路与	bool result=(true AndAlso false); 结果 result=False
OrElse	短路或	bool result=(true OrElse false); 结果 result=True

4. 字符串运算符

字符串运算符用于执行各类字符串操作。字符串运算符主要有连接运算符，它是用来把两个字符串合并成一个新的字符串，如表 2-8 所示。

表 2-8　连接运算符

运算符号	含义	示例
+	字符串连接	string concat="Hello,"+"world!"; 结果 concat="Hello,world!"
&	字符串连接	string concat="Hello,"&"world!"; 结果 concat="Hello,world!"

5. 赋值运算符

赋值运算符用于将值赋给变量。其中，"="是基本的赋值运算符，它的优先级别低于其他的运算符，如表 2-9 所示。

表 2-9　赋值运算符

运算符号	含义	示例
=	赋值	int number=10; 结果 number=10
+=	加赋值	int number=5;number+=3; 结果 number=8
-=	减赋值	int number=5;number-=3; 结果 number=2
*=	乘赋值	int number=5;number*=3; 结果 number=15
/=	除赋值	double number=10;number/=2; 结果 number=5

📋 模块总结

● RPA 机器人的组成涵盖流程设计器（包含可视化界面、逻辑控制、数据处理功能）、机器人执行器（具备模拟人类操作、任务调度、错误处理能力）以及管理控制台（具有流程管理、机器人管理、安全管理功能）。

● RPA 软件的选择需综合考虑功能性需求（如自动化流程类型、系统集成能力、人

工智能集成）、易用性需求（包括可视化设计、无代码开发、培训和支持）、性能需求
（执行速度、稳定性、可扩展性）以及安全性需求（数据安全、系统安全、合规性）等
多方面因素。

● UiPath 作为 RPA 领域的重要软件，发展迅速并成为主流软件之一。其由 Studio
（可视化编程流程设计编辑器）、Robot（运行工具）和 Orchestrator（网络应用）三部分
组成。

● UiPath Studio 的使用从创建新流程开始，其提供序列、流程图和状态机三种流程
图类型，用于构建自动化流程。

● UiPath 中的数据类型丰富，有基本数据类型（整数、字符串、布尔值、小数等）、
复杂数据类型（数组、列表、字典等）、自定义数据类型（结构体、类等）以及其他数
据类型（日期时间类型、通用类型、XML 类型、数据表类型等），正确选择和使用数据
类型在流程中起着重要的作用，同时还要掌握数据类型的转换方法。

● 变量在 UiPath 中是存储数据的关键元素，具有数据容器和动态性特征，通过多种
方式与自动化流程进行交互，有特定的表示形式（在 UiPath Studio 中显示及在代码中引
用），其命名需遵循表意性、唯一性和可读性要求，按照字符使用规则、长度限制以及
合适的命名方式（驼峰式、帕斯卡、烤串、蛇形）来进行。

● UiPath 中的运算符分为算术运算符、比较运算符、逻辑运算符、字符串运算符和
赋值运算符，用于执行相应的运算操作，实现算术运算、字符串连接、关系比较、赋值
和逻辑判断等功能。

 模块测试

模块测试

学习导图

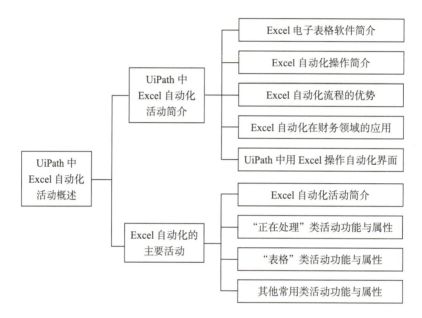

学习目标

知识目标

1. 了解 Microsoft Excel 的基础概述、核心功能、应用场景、发展趋势。

2. 熟悉 UiPath 中与 Excel 相关的自动化功能，如数据读写、格式处理、公式与函数运用等。

3. 掌握 UiPath 中 Excel 自动化操作在财务领域的应用，如财务报表制作、预算决算编制、费用报销处理等。

技能目标

1. 了解 Excel"正在处理"类活动的基本功能与属性。

2. 了解 Excel"表格"类活动的基本功能与属性。

3. 了解 Excel 其他常用类活动的基本功能与属性。

思政目标

1. 具备良好的学习和动手操作能力，以及接受新事物的思维。

2. 培养学生探索专业问题的兴趣，增强学生的探索意识。

3.培养学生执着专注、精益求精的工匠精神。

4.增强学生的目标导向意识，提高学生的创新思维能力。

Excel是一种常用的办公软件，在各个领域都有广泛的应用。它具有丰富的功能，如数据分析、图表制作、数据处理等，深受用户的喜爱。在RPA中，Excel操作扮演着重要的角色。

UiPath作为一种RPA工具，可以模拟人类用户的操作，实现自动化的任务处理目标。在UiPath中，我们可以使用UiPath的Excel自动化活动来实现对Excel文件的读取、写入、修改等操作。这些活动包括读取单元格的数据、写入数据到单元格、添加行或列、复制、粘贴、筛选等。通过这些活动，我们可以轻松地对Excel文件进行各种操作。

在实际应用中，Excel活动操作在UiPath中是非常重要的功能。Excel作为一种常用的数据存储和处理工具，往往包含着大量的数据。通过Excel活动操作，我们可以快速读取和处理数据，实现数据处理任务的自动化。例如，在金融领域，可以使用UiPath读取银行的交易记录，进行数据分析和报告生成；在人力资源管理中，可以使用UiPath读取员工信息，进行薪资计算和绩效评估；在销售领域，可以使用UiPath读取销售数据，进行销售额统计和预测分析等。

因此，掌握UiPath中Excel操作的基本功能和应用，对于我们来说是非常重要的。通过学习和实践，学生可以更好地理解和掌握RPA在Excel中的具体功能和应用，为未来的工作和学习打下坚实的基础。

在本模块中，Excel自动化活动介绍多以表格形式呈现，方便大家在后续模块的UiPath实操中进行Excel自动化活动相关功能的查找与合理设置。

任务一　UiPath中Excel自动化活动简介

任务背景

小王：好累啊，已经连续加班3天了，财务工作太烦琐了，好多工作都是重复性的，什么时候是个头啊。哎，小李，怎么这几天都没看到你加班啊？

小李：我以前也和你一样，每天都被很多重复性的工作所困扰，后来我深入学习了Excel的相关操作，发现以前很多工作都可以用简单的操作解决，尤其是在学习了UiPath后，工作起来又快又准，再也不用被这些事情绊住了。

小王：Excel功能有这么强大吗，你说的那个UiPath又是什么呢？

任务目标

根据上述场景描述，我们要完成以下任务：（1）了解Excel的基础概述、核心功能、应用场景、发展趋势；（2）了解UiPath中Excel自动化操作的基本功能；（3）了解UiPath中Excel自动化操作在不同领域的应用，如财务领域的财务报表制作、预算决算编制、费用报销处理等；（4）熟悉UiPath中Excel活动操作的基本界面。

Microsoft Excel是一款功能强大且被广泛应用的电子表格软件，广大用户用它进行数据处理、统计分析、图表展示等操作。该软件拥有直观的界面、优异的计算功能和图表工具，这使得Excel成为最流行的个人计算机数据处理软件之一。

UiPath提供了强大的功能来实现Excel自动化操作，能够让机器人高效地处理各种与Excel相关的任务，如数据读取、写入、格式设置、公式应用等。这些功能在财务、数据处理、报表生成等领域均具有广泛的应用。

一、Excel电子表格软件简介

（一）基础概述与历史沿革

Microsoft Excel自1985年首次发布以来，就成为全球最流行的电子表格程序之一，它是微软公司Office套件的重要组成部分。Excel的设计初衷是向用户提供一种高效管理和分析数据的途径。随着时间的推移，Excel得以不断发展和完善，引入了许多新的特性和技术，使其成为一个多功能的数据处理工具。

Excel的界面十分友好，支持用户通过拖拽和点击的方式来创建表格，同时还提供了丰富的函数库，允许用户执行从基本算术到复杂统计分析的各种计算。此外，Excel还支持图表创建、数据库管理、宏编程等功能，这让其成为企业、教育机构和个人用户的首选工具。

（二）核心功能与应用场景

1.核心功能

（1）数据输入与编辑

Excel最为基本的功能是数据的输入和编辑。用户可以创建表格来记录信息，然后利用内置的工具进行排序、筛选等操作。

（2）公式与函数

Excel拥有超过400种内置函数，涵盖数学、财务、日期时间、逻辑等多个领域。用户可以通过简单的公式语言来执行复杂的计算。

（3）图表创建

Excel支持创建多种图表类型，如柱状图、饼图、折线图等，以图形化方式呈现数据，便于用户理解和分享信息。

（4）数据透视表

这是一种强大的数据汇总工具，能够帮助用户从大量数据中提取有用的信息，并按需进行重组和分析。

2.应用场景

Excel在多个行业中都有广泛的应用。在金融领域，Excel用于投资分析和风险管理；在科研机构，它用于实验数据记录和分析；在学校，教师使用Excel制作成绩表，进行学生信息管理；在家庭中，人们用它管理个人财务、制定购物清单等。无论是专业的数据分析师还是普通用户，都能从Excel的强大功能中获益。

（三）发展趋势与未来展望

随着云计算、大数据、人工智能等新技术的发展，Excel 也在不断地进化。近些年来，Excel 增添了 Power Query、Power Pivot、Power BI 等插件，增强了数据整合与可视化能力，使用户能够在 Excel 内部完成更多高阶的数据处理任务。

未来，Excel 会更注重与云端服务的集成，支持实时协作编辑，进一步提升用户体验。同时，随着机器学习算法的融入，Excel 将拥有更强的数据预测和分析能力，帮助用户更好地洞察数据背后潜藏的趋势和模式。

总之，Excel 已不仅仅是一个简单的电子表格程序，它已经成为一种多功能的数据管理平台。随着技术的进步，Excel 将继续在数据分析领域和日常办公中扮演至关重要的角色。

二、Excel 自动化操作简介

UiPath 作为一款自动化流程软件，在 Excel 操作方面表现突出。UiPath 拥有丰富的功能，其中的 Excel Activities 可以帮助各种类型的企业用户实现 Microsoft Excel 数据处理自动化，从而大大提高工作效率。

在 Excel 中处理数据时，UiPath 的 Excel Activities 可提供多种功能，如读取、写入和修改 Excel 文件。用户可以轻松地完成批量数据处理、自动化报表生成等任务。这些活动可以从单元格、列、行等范围读取数据，也可向其他电子表格或工作簿写入数据。以下从基本操作功能、业务应用场景以及流程实现步骤三个方面进行介绍。

（一）基本操作功能

1.数据读写功能

在读取数据时，UiPath 能够精准地从 Excel 文件中提取各种类型的数据，无论是按行、按列，还是按特定的单元格范围进行提取，它都能做到。它可以识别不同的数据格式，如数字、文本、日期等，并将其转化为程序可处理的数据类型。例如，当读取一个存有销售数据的 Excel 工作表时，它可以将每一行的产品名称、销售数量和销售额等信息提取出来。

在写入数据时，UiPath 支持向指定的单元格、行列或者区域写入数据。无论是单个数据值还是批量的数据列表，都能准确无误地写入 Excel 文件中。这对于生成报表、更新数据等操作非常有用。比如，在对订单数据进行自动化处理时，其可将计算好的订单总价写入对应的单元格。

2.格式处理功能

UiPath 可以对 Excel 的单元格格式进行自动化设置，包括字体格式（字体、字号、颜色、加粗等）、对齐方式（水平对齐、垂直对齐）以及单元格边框和填充颜色等设置。例如，对于财务报表中的标题行，可以将其设置为黑体、字号加大、加粗并居中对齐，同时还能给单元格添加特定颜色的边框和背景色，使其更加醒目。

UiPath 能够处理工作表的格式设置，例如，调整列宽和行高，隐藏或显示特定的行列，对工作表进行命名、复制、移动和删除等操作。在处理大量数据时，它可以自动调整列宽，确保数据可以完整显示。

3. 公式与函数运用功能

UiPath可以在Excel中自动插入公式和函数。它能够识别常见的Excel函数，如SUM（求和）、AVERAGE（平均值）、VLOOKUP（查找匹配）等，并根据需求在相应的单元格中插入合适的公式或函数。例如，在统计员工绩效数据时，可以使用SUM函数自动计算出每位员工的各项得分总和。

此外，UiPath还可以实现对公式和函数结果的读取与处理。如果公式计算结果需要进一步参与后续的自动化流程，那么UiPath能够获取该结果并进行相应的逻辑判断或数据传递。

（二）业务应用场景

1. 数据处理与报表生成

企业中有大量的数据需要定期进行处理和分析，以便生成相关报表。UiPath可自动从多个数据源获取数据并写入Excel文件，然后按照预设的格式和规则进行数据整理、计算和格式化，最终生成美观准确的报表。例如，每月的销售数据分析报表、财务报表等。

对于金融行业而言，需要处理海量的交易数据并生成各类分析报告。UiPath能够快速处理这些数据，计算出关键指标，如收益率、风险评估值等，并生成专业的报告文档，这大大提高了工作效率和准确性。

2. 系统集成与数据交互

当企业内部存在多个系统时，UiPath可以起到桥梁作用，从而实现不同系统与Excel的数据交互。例如，将ERP系统中的订单数据导出到Excel进行进一步的分析和处理，或者将Excel中的客户信息导入CRM系统。通过自动化操作，可以减少人工干预，并降低错误率。

在与外部合作伙伴进行数据交互时，UiPath可以按照约定的格式将数据整理到Excel文件中进行传输，或者接收外部Excel文件中的数据并进行相应的业务处理。

3. 重复性任务自动化

在日常办公中，有许多涉及Excel的重复性任务，如每日的数据录入、数据更新等。UiPath可以自动执行这些任务，并按照预设好的模板和流程进行操作。员工只需启动自动化流程，即可节省大量的时间和精力，同时还避免了因重复操作而导致的人为错误。

（三）流程实现步骤

1. 连接Excel文件

首先，需要在UiPath中使用相关的活动组件来连接到目标Excel文件。然后，需指定文件的路径、名称以及打开方式（如只读或可编辑）。通过建立连接，可为后续的操作奠定基础。

2. 数据操作与处理

根据具体需求，选择合适的活动组件进行数据读写、格式设置或公式运用等操作。

例如，使用【读取单元格】活动读取数据，使用【写入单元格】活动写入数据，利用"设置单元格格式"活动设置格式等。在这个过程中，UiPath可以结合条件判断、循环等逻辑结构来处理复杂的操作流程。

3.错误处理与流程优化

在自动化操作过程中，可能会遇到各种错误情况，如文件不存在、数据格式错误等。UiPath提供了错误处理机制，可以捕获并处理这些错误，确保流程运行的稳定性。同时，通过不断调试和优化流程，可以提高自动化操作的效率和准确性。

三、Excel自动化流程的优势

（一）提高效率

1.自动化处理流程

UiPath的Excel自动化功能可以替代大量烦琐的人工操作，实现数据处理的无缝自动化流程。在处理海量的财务报表数据时，机器人可以迅速且准确地读取数据，例如，UiPath会先从包含数千条交易记录的工作表中快速定位并提取所需数据。然后，它能按照预设的规则对数据进行处理，并进行复杂的财务计算，如计算出各种比率、汇总数据等。最后，它会将处理后的数据精准地写入对应的位置，整个过程无须人工干预，极大地提高了工作效率。

这种自动化流程不仅适用于财务领域，还适用于其他数据密集型的行业，如物流行业的库存管理报表制作、电商行业的销售数据分析报表生成等，均能显著缩短数据处理时间，从而提高业务运营速度。

2.减少错误率

UiPath的Excel自动化凭借其高精度和准确性，能够有效减少人工操作带来的各种错误。在数据读取环节，UiPath能够精确识别和处理各种格式的数据。例如，在读取包含大量数据的财务报表时，UiPath不会出现误读数据或遗漏数据的情况。

在数据写入过程中，UiPath会严格按照设定好的规则和格式进行操作，确保数据的准确性和完整性。比如，在将计算结果写入特定单元格时，它不会出现错位或写错数据的情况，从而提高了数据的质量。

（二）拓展灵活

1.适应不同的Excel版本

UiPath的Excel自动化功能具有很强的兼容性，能适应不同版本的Excel，包括Excel2003、Excel2010、Excel2015、Excel2018等。这使得企业无论使用哪个版本的Excel，都可以顺利地实现自动化操作。

对于一些企业由于特定业务需求，仍然需使用旧版本的Excel，UiPath的这种兼容性优势就更为凸显。它能够确保在不同版本的Excel环境下，自动化流程依然能稳定运行，不会出现因版本差异而导致的兼容性问题，为企业提供了极大的便利。

2.自定义操作

用户可以根据自身独特的业务需求，对Excel自动化操作进行高度灵活的自定义。例如，在特定的财务报表制作中，根据企业自身的财务报表格式和复杂的计算要求，用户可以自定义数据读取的范围和方式。比如，只读取特定工作表中的某几列数据，或者按照特定的条件筛选数据后再进行读取。

同样，在数据写入和公式应用方面，用户也可以根据需要进行自定义。例如，设置特定的公式来计算某项财务指标，或者按照特定的格式将数据写入报表，以满足企业内部的管理和决策需求。

（三）集成性强

1.与其他系统集成

UiPath的Excel自动化功能可以与其他系统进行深度集成。例如，在企业资源计划（ERP）系统中，它可以将从ERP系统中获取的数据准确无误地写入Excel文件，以实现数据的高效流转。又如，将ERP系统中的采购订单数据写入Excel文件，以便财务人员进行进一步的成本核算和分析。

反过来，它也可以读取Excel文件中的数据，并反馈到ERP系统，以保持数据的一致性和实时性。例如，财务人员将在Excel中分析得出的成本数据反馈到ERP系统，以便更新相关的采购成本信息。这种集成能力使得企业可以更好地整合内部资源，打破系统之间的壁垒，提高业务流程的连贯性和效率。

2.与UiPath其他组件集成

UiPath的Excel自动化功能还可以与UiPath的其他组件进行集成。在一个复杂的财务机器人的设计中，可以将Excel自动化操作与财务数据处理组件、报表生成组件等集成，形成一个完整的财务自动化系统。

通过这种集成，各个组件之间能够相互协作，实现更为复杂的功能。比如，财务数据处理组件可以对从Excel中读取的数据进行专业处理，报表生成组件可以根据处理后的数据生成更为专业、美观的财务报表，从而提高整个财务自动化系统的性能和效率。

四、Excel自动化在财务领域的应用

在财务领域，Excel自动化的应用场景非常广泛。财务工作涉及大量的数据录入、处理、分析和报告生成，而UiPath的Excel自动化活动在这一领域发挥着重要作用。它通过模拟人工操作，可以提高财务流程的效率和准确性。以下是一些具体的业务应用。

（一）财务报表制作

1.数据获取与整合

财务报表制作时，首先需要从多个数据源获取数据。这些数据源包括企业的财务系统、销售系统、库存系统等。例如，从财务系统中获取收入、支出等各项财务数据，从销售系统中获取销售额、销售量等数据，从库存系统中获取存货成本等数据。通过UiPath的Excel自动化功能，可以自动地从这些系统中提取数据，并将其整合到一个统

一的财务报表模板中。

对于不同格式的数据，UiPath可以进行数据清洗和转换。比如，将销售系统中以文本形式存储的销售额数据转换为数值形式，以便后续的计算和分析。

2.计算与格式设置

数据一旦被整合到报表模板中，就需要进行各种计算。例如，根据收入和成本数据计算利润，根据销售额和销售数量计算单价等。UiPath可以自动执行这些计算公式，确保计算结果的准确性和一致性。

同时，UiPath还需要对报表进行格式设置，如对字体、字号、颜色、对齐方式等进行设置。UiPath可以按照预先设定好的格式要求，自动对报表中的单元格进行格式设置，使报表更为美观和专业。

3.报表生成与分发

通过上述步骤，UiPath能够快速生成准确的月度、季度、年度财务报表。这些报表以电子表格的形式直接保存，也可以转换为PDF等其他格式进行分发。例如，通过设置自动化流程，将生成的月度财务报表在每个月的特定日期自动发送给企业的管理层和相关部门。

（二）预算决算编制

1.数据收集与整理

在预算决算编制过程中，首先要协助财务人员进行预算数据的收集。这可能涉及收集各个部门的费用预算、收入预算等。UiPath可以自动地从企业各个部门获取相关的预算数据表格，并将其整合到一个统一的预算决算编制模板中。

对于收集到的数据，可能存在格式不一致、数据不完整等问题，UiPath可以对这些数据进行整理，如填充缺失的数据、统一数据格式等。

2.分析与草案生成

根据历史数据和预算规则，UiPath可以自动对预算数据进行分析。例如，UiPath通过分析过去几年的费用增长趋势，并根据销售额和市场情况预测未来的收入情况等。

基于这些分析结果，UiPath可以自动生成预算草案。这个草案可以作为财务人员进行调整和完善预算的基础。

（三）费用报销处理

1.数据验证

当读取员工提交的费用报销单（Excel表格）时，首先要进行数据验证。这包括验证报销金额是否在规定范围内，报销项目是否符合企业的费用报销政策等。此外，UiPath还可以通过设置验证规则，自动对报销单上的数据进行验证，并标记出不符合规则的数据，以便相关人员做进一步审核。

2.审批流程自动化

数据验证完毕，费用报销就进入了审批流程。UiPath可以根据企业设定的审批流程，自动将报销单推送给相应的审批人。一般来说，报销金额较小，只需要部门主管审批；

报销金额较大，则需要多个部门的负责人联合审批。审批人可以在 Excel 表格中直接进行审批操作，审批结果也可以自动反馈给相关人员，以提高费用报销的处理速度和准确性。

五、UiPath中用Excel操作自动化界面

UiPath 中与操作 Excel 有关的活动主要用于帮助各类企业的用户实现 Microsoft Excel 数据自动化。与操作 Excel 有关的活动包括从单元格、列、行或范围中读取数据，向其他电子表格或工作簿写入数据，从 Excel 中提取公式等。UiPath 中与操作 Excel 有关的活动主要包括 "可用—应用程序集成—Excel" 类别下的活动和 "可用—系统—文件—工作簿" 类别下的活动。

（一）Excel主类别

"可用—应用程序集成—Excel" 类别下的活动，必须包含在【Excel 应用程序范围】活动内，不能单独使用。同时，各个活动要操作的 Excel 工作簿路径应在【Excel 应用程序范围】活动内进行设置，【Excel 应用程序范围】活动为数据处理提供了一个容器，用户可以在其中执行与 Excel 相关的操作。通过这个范围，用户可以确保所有的 Excel 操作都在正确的上下文中执行，从而避免出现意外错误或数据丢失等情况，如图 3-1 所示。

（二）工作簿类别

在 "系统—文件—工作簿" 类别下的活动中，当对 Excel 工作簿进行操作时，需要为每个活动设置工作簿路径，如图 3-2 所示。

图 3-1 应用程序集成菜单下的 Excel 相关活动　　图 3-2　工作簿菜单下的 Excel 相关活动

相较而言，"Excel"活动的功能比"工作簿"活动的功能更为丰富和灵活。所以，后续以 Excel 相关活动功能为主做进一步阐述。

任务二　Excel 自动化的主要活动

任务背景

小王：小李，上次你向我说起 Excel 的强大功能后，我回去仔细研究了一下，发现功能确实十分强大，但对于我来说还是有点模糊。比如，具体有哪些控件，各自的功能是什么，我还是不太清楚。尤其是你提到的 UiPath，我很想知道 Excel 在 UiPath 中是如何运用的，还有我该从什么地方开始学习呢？

小李：没问题，UiPath 的功能确实很强大，它有许多功能都会给我们的工作带来便利，下面就由我带你了解一下它的主要活动吧。

任务目标

根据上述场景描述，我们要完成以下任务：（1）了解 Excel 基本类活动总体介绍；（2）了解 Excel "正在处理"类活动的基本功能与属性；（3）了解 Excel "表格"类活动的基本功能与属性；（4）了解 Excel 其他常用类活动的基本功能与属性。

在数字化时代，数据处理和自动化办公的需求持续增加，Excel 作为数据处理的重要工具，其自动化操作变得尤为重要。UiPath 作为一款强大的机器人流程自动化（RPA）工具，它提供了许多 Excel 自动化活动，这些活动能让非技术人员较为轻松地实现 Excel 文件的自动化处理。同时，这些活动还覆盖了从基础的数据读写到复杂的数据处理和分析等方面，极大地提高了工作效率，并减少了人为错误。通过 UiPath，用户可以自动完成如读取单元格数据、写入数据到单元格、添加或删除行和列、执行宏、创建数据透视表等操作。这些活动不仅支持对单个工作表的操作，还能跨工作簿进行数据交互，实现数据的整合与分析。此外，UiPath 的 Excel 自动化活动还支持与外部数据源的集成，让数据的导入和导出变得更加便捷，从而在不同的系统和平台间实现无缝的数据流转。

一、Excel 自动化活动简介

UiPath 中的 Excel 自动化是指利用 UiPath 平台所提供的一系列活动（Activities），来实现对 Microsoft Excel 中任务的自动化处理。UiPath 中的 Excel Activities 可以帮助用户执行各种 Excel 操作，如读取、写入、编辑单元格，创建和操作数据透视表，执行宏，以及处理 Excel 文件中的大量数据。

除了具备丰富的功能外，UiPath 的 Excel Activities 还拥有操作简便且易于使用的界面。用户可以通过简单的拖放操作将任务拖到工作流中，并设置其属性和参数。即使是对于不熟悉编程的用户来说，也能轻松使用这些功能。

Excel 自动化的基本类活动主要有"正在处理"类活动、"表格"类活动和其他类常用活动三种，具体如表 3-1 所示。

表 3-1　Excel自动化的基本类活动

活动大类	涵盖活动	活动位置
"正在处理"类活动	【删除重复范围】、【复制并粘贴范围】、【执行宏】、【插入/删除列】、【插入/删除行】、【查找范围】、【自动填充范围】、【调用应用程序视觉化Basic】	"正在处理"类活动可在设计界面的活动窗口中查找，具体在"可用—应用程序集成—Excel—正在处理"中查看
"表格"类活动	【创建表格】、【创建透视表】、【删除列】、【刷新透视表】、【排序表格】、【插入列】、【筛选表格】、【获取表格范围】	"表格"类活动可在设计界面的活动窗口中查找，具体在"可用—应用程序集成—Excel—表格"中查看
其他类常用活动	【Excel应用程序范围】、【保存工作簿】、【关闭工作簿】、【写入单元格】、【写入范围】、【删除范围】、【复制工作表】、【获取单元格颜色】、【获取工作簿工作表】、【获取选定范围】、【设置范围颜色】、【读取列】、【读取单元格】、【读取单元格公式】、【读取范围】、【读取行】、【选择范围】、【附加范围】	其他类活动可在设计界面的活动窗口中查找，具体在"可用—应用程序集成—Excel"中查看

二、"正在处理"类活动功能与属性

在UiPath中，"正在处理"类活动是Excel自动化的核心部分，它们提供了对Excel工作表的直接操作能力。这些活动允许用户对工作表中的数据进行精细化处理，如删除重复数据、复制并粘贴数据、执行宏、插入/删除行和列等。这些活动的功能强大，属性设置灵活，可以满足各种复杂的数据处理需求。例如，【删除重复范围】活动可以帮助用户清除工作表中的重复数据，而【执行宏】活动则允许用户运行预先定义的VBA宏，实现更为复杂的自动化任务。每个活动都提供了丰富的输入参数和输出结果，用户可以灵活地控制数据处理流程，并可以将处理结果用于后续的自动化任务。

"正在处理"类活动相关功能与属性介绍，如表3-2所示。

表 3-2　"正在处理"类活动相关功能与属性介绍

活动名称	功能	属性	参数	相关介绍
【删除重复范围】	删除工作表中指定范围的内容	常见	显示名称	活动名称，默认为"删除重复范围"，可修改
		杂项	隐私	是否隐藏活动，默认为"□"（不选中）
		输入	工作表名称	设置需要删除的指定工作表，默认为"Sheet1"
			范围	删除指定范围内所有重复的行，默认为空，范围为整个单元格

续表

活动名称	功能	属性	参数	相关介绍
【复制并粘贴范围】	复制并粘贴工作表中指定范围内的内容	常见	显示名称	活动名称，默认为"复制并粘贴范围"，可修改
		杂项	隐私	是否隐藏活动，默认为"□"（不选中）
		目标	目标单元格	待粘贴范围的起始单元格
			目标工作表	要粘贴到其中的工作表
		输入	工作表名称	设置需要复制并粘贴的指定工作表，默认为"Sheet1"
			源范围	需要复制的范围，默认为空，范围为整个单元格
		选项	复制项目	默认为"All"
【执行宏】	按要求执行重复性活动	常见	出错时继续	输入相关的 VB 表达式
			显示名称	活动名称，默认为"执行宏"，可修改
		杂项	隐私	是否隐藏活动，默认为"□"（不选中）
		输入	宏参数	待传递至宏的一组参数（最多30个）
			宏名称	待执行的宏名称
		输出	宏输出	如果宏有返回值，则输入该值
【插入/删除列】	插入或删除指定工作表相关列	常见	显示名称	活动名称，默认为"插入/删除列"，可修改
		杂项	隐私	是否隐藏活动，默认为"□"（不选中）
		目标	位置	默认为数值"1"
			无列	默认为数值"1"
		输入	工作表名称	设置需要复制并粘贴的指定工作表，默认为"Sheet1"
			更改模式	两种模式的设置："Add"为插入模式，默认为"Add"模式；"Remove"为删除模式
【插入/删除行】	插入或删除指定工作表相关行	常见	显示名称	活动名称，默认为"插入/删除行"，可修改
		杂项	隐私	是否隐藏活动，默认为"□"（不选中）
		目标	位置	默认为数值"1"
			无行	默认为数值"1"
		输入	工作表名称	设置需要复制并粘贴的指定工作表，默认为"Sheet1"
			更改模式	两种模式的设置："Add"为插入模式，默认为"Add"模式；"Remove"为删除模式
【查找范围】	查找指定范围内的内容	常见	显示名称	活动名称，默认为"查找范围"，可修改
		杂项	隐私	是否隐藏活动，默认为"□"（不选中）
		输入	值	待搜索的值，默认为字符串类型
			工作表名称	设置需要查找的指定工作表，默认为"Sheet1"
			范围	待搜索的范围，默认为空，范围为整个单元格
		输出	结果	包含已搜索值的单元格地址

续表

活动名称	功能	属性	参数	相关介绍
【自动填充范围】	按规则填充相关范围内的工作表	常见	显示名称	活动名称，默认为"自动填充范围"，可修改
		杂项	隐私	是否隐藏活动，默认为"□"（不选中）
		目标	文件范围	使用指定规则填充的目标范围
		输入	工作表名称	设置需要自动填充的指定工作表，默认为"Sheet1"
			源范围	指定自动填充规则的范围，默认为空，范围为整个单元格
【调用应用程序视觉化Basic】	Basic解释程序的作用是负责处理数字表达式和程序的实际执行	常见	显示名称	活动名称，默认为"调用应用程序视觉化Basic"，可修改
		杂项	隐私	是否隐藏活动，默认为"□"（不选中）
		输入	代码文件路径	包含所需VB子函数定义的（文本）文件的完整路径
			输入方法参数	待传递至输入方法的一组参数（最多30个）
			输入方法名称	设置方法的名称，默认为"Main"，可修改
		输出	输出值	如果输入方法有返回值，则输入该值

三、"表格"类活动功能与属性

UiPath中的"表格"类活动专注于对Excel的表格结构进行操作，这些活动使得用户能够创建、修改和处理表格数据，从而实现对数据的组织和分析。例如，【创建表格】活动可以让用户定义一个范围并将其转换为Excel表格，而【创建透视表】活动则可以根据用户的需求生成数据透视表，以便进行多维度的数据分析。此外，还有【删除列】、【刷新透视表】、【排序表格】等活动，它们提供了对表格内容的直接编辑能力。这些活动通常具有直观的属性设置，如表格名称、工作表名称、列名称等。通过这些活动，用户可以自动处理和分析表格中数据，从而提高数据处理的效率和准确性。

"表格"类活动相关功能与属性介绍，如表3-3所示。

表3-3 "表格"类活动相关功能与属性介绍

活动名称	功能	属性	参数	相关介绍
【创建表格】	创建新的工作表格	常见	显示名称	活动名称，默认为"创建表格"，可修改
		杂项	隐私	是否隐藏活动，默认为"□"（不选中）
		目标	范围	需要新建表格的范围，默认为空，范围为整个表格
			表格名称	新建表格名称
		输入	工作表名称	设置创建表格的指定工作表，默认为"Sheet1"

活动名称	功能	属性	参数	相关介绍
【创建透视表】	按照指定要求创建透视表	常见	显示名称	活动名称，默认为"创建透视表"，可修改
		杂项	隐私	是否隐藏活动，默认为"□"（不选中）
		目标	范围	指定创建透视表的位置范围
			表格名称	新建表格名称
		输入	工作表名称	设置创建透视表的指定工作表，默认为"Sheet1"
			源表格名称	工作表中的源透视表名称，需要进行透视的源文件
【删除列】	删除工作表指定列	常见	显示名称	活动名称，默认为"删除列"，可修改
		杂项	隐私	是否隐藏活动，默认为"□"（不选中）
		输入	列名称	删除列的名称，设置为字符串类型
			工作表名称	确定删除列的指定工作表，默认为"Sheet1"
			表格名称	确定删除列的表格，设置为字符串类型
【刷新透视表】	刷新指定透视表中的内容	常见	显示名称	活动名称，默认为"刷新透视表"，可修改
		杂项	隐私	是否隐藏活动，默认为"□"（不选中）
		输入	工作表名称	确定刷新透视表的指定工作表，默认为"Sheet1"
			表格名称	确定透视表名称
【排序表格】	按照指定要求对相应表格中的数据进行排序	常见	显示名称	活动名称，默认为"排序表格"，可修改
		杂项	隐私	是否隐藏活动，默认为"□"（不选中）
		输入	列名称	表格中需要进行排序列的名称，设置为字符串类型
			工作表名称	确定排序表格的指定工作表，默认为"Sheet1"
			表格名称	确定删除列的表格，设置为字符串类型
			顺序	可设置两种表格排列方式：Ascending 为升序排列（默认值）；Descending 为降序排列
【插入列】	按照指定列插入空白列	常见	显示名称	活动名称，默认为"插入列"，可修改
		杂项	隐私	是否隐藏活动，默认为"□"（不选中）
		输入	位置	确定插入列的位置，设置为 Int32(整数) 类型
			列名称	表格中需要插入列的名称，设置为字符串类型
			工作表名称	确定插入列的指定工作表，默认为"Sheet1"
			表格名称	需要插入内容的表格，设置为字符串类型
【筛选表格】	按照设定条件筛选表格	常见	显示名称	活动名称，默认为"筛选表格"，可修改
		杂项	隐私	是否隐藏活动，默认为"□"（不选中）
		输入	列名称	需要筛选列的名称，设置为字符串类型
			工作表名称	确定筛选表格的指定工作表，默认为"Sheet1"
			筛选选项	设置需要筛选的内容为字符串数组类型，例如：{"优秀","良","及格","不及格"}
			表格名称	确定需要筛选的表格，设置为字符串类型
【获取表格范围】	获取指定表格的范围并进行输出	常见	显示名称	活动名称，默认为"获取表格范围"，可修改
		杂项	隐私	是否隐藏活动，默认为"□"（不选中）
		输入	工作表名称	确定获取表格的指定工作表，默认为"Sheet1"
			表格名称	确定获取范围的表格，设置为字符串类型
		输出	范围	获取表格范围的输出值，设置变量为字符串类型
		选项	透视表	确定获取的表格是否为透视表，默认为"□"（不选中）

四、其他常用类活动功能与属性

除了"正在处理"类和"表格"类活动外，UiPath还提供了一些其他常用的Excel自动化活动，这些活动涵盖了从基础的文件操作到高级的数据交互等一些系列内容。例如，【Excel应用程序范围】活动允许用户在特定的Excel应用程序实例中执行一系列操作，而【保存工作簿】和【关闭工作簿】活动则用于管理Excel文件的保存和关闭。此外，还有【写入单元格】、【读取单元格】、【复制工作表】等活动，它们均提供了对单元格和工作表的直接读写能力。这些活动通常具有简单的属性设置，用户可以快速配置活动参数，实现对Excel文件的自动化操作。通过这些活动，用户可以轻松实现Excel文件的自动化处理，从而提高工作效率，减少人为错误。

其他常用类活动相关功能与属性介绍，如表3-4所示。

表3-4　其他常用类活动相关功能与属性介绍

活动名称	功能	属性	参数	相关介绍
【Excel应用程序范围】	所有Excel相关活动都需要在此活动的"正文"中执行	常见	显示名称	活动名称，默认为"Excel应用程序范围"，可修改
		文件	密码	工作簿的密码，需要的话可以设置
			工作簿路径	工作簿的完整路径，如果工作簿路径没有文件扩展名，则会引发错误
		杂项	隐私	是否隐藏活动，默认为"□"（不选中）
		选项	只读	设置Excel是否为只读文件，默认为"□"（不选中）
			可见	设置Excel是否显示，默认为"☑"（选中）
			如果不存在，则进行创建	如果不存在设定的Excel表格，系统就可以自行创建相应的Excel表格，默认为"☑"（选中）
			自动保存	如果Excel文件发生修改，则自动保存Excel文件，默认为"☑"（选中）
【保存工作簿】	自动保存当前Excel工作簿	常见	显示名称	活动名称，默认为"保存工作簿"，可修改
		杂项	隐私	是否隐藏活动，默认为"□"（不选中）
【关闭工作簿】	执行关闭当前Excel工作簿	常见	显示名称	活动名称，默认为"保存工作簿"，可修改
		杂项	隐私	是否隐藏活动，默认为"□"（不选中）
【写入单元格】	将相关内容写入指定单元格	常见	显示名称	活动名称，默认为"写入单元格"，可修改
		杂项	隐私	是否隐藏活动，默认为"□"（不选中）
		目标	工作表名称	确定排序表格的指定工作表，默认为"Sheet1"
			范围	需要写入表格的范围，默认为"A1"，可修改
		输入	值	需要写入的内容，默认为字符串（String）类型

活动名称	功能	属性	参数	相关介绍
【写入范围】	将相关数据表写入指定单元格	常见	显示名称	活动名称，默认为"写入范围"，可修改
		杂项	隐私	是否隐藏活动，默认为"□"（不选中）
		目标	工作表名称	确定排序表格的指定工作表，默认为"Sheet1"
			起始单元格	需要写入内容的范围起始单元格，默认为"A1"，可修改
		输入	数据表	需要写入的内容，默认为数据表（DataTable）类型
		选项	添加标头	是否将写入的数据表的标头填入，默认为"□"（不选中，系统自建标头）；若选中"☑"，则系统自动提取数据表的第一行作为写入的标头
【删除范围】	删除工作表中指定的内容	常见	显示名称	活动名称，默认为"删除范围"，可修改
		杂项	隐私	是否隐藏活动，默认为"□"（不选中）
		输入	工作表名称	确定需要删除内容的指定工作表，默认为"Sheet1"
			范围	需要删除的范围，默认为"A1"，可修改
		选项	移动单元格	删除单元格后空白位置是否填充
			移动选项	填充的单元格从哪个方向填入，"ShiftUp"从上移动填充单元格；"ShiftLeft"从左移动填充单元格；"EntireRow"整行填充单元格；"EntireColumn"整列填充单元格
【复制工作表】	复制相关的工作表	常见	显示名称	活动名称，默认为"复制工作表"，可修改
		杂项	隐私	是否隐藏活动，默认为"□"（不选中）
		目标	目标工作表名称	复制后的副本工作表名称，不填则生成默认副本名称
			目标文件路径	选择需要复制工作表的工作簿路径
		输入	工作表名称	确定需要复制的指定工作表，默认为"Sheet1"
【获取单元格颜色】	提取相应单元格的颜色	常见	显示名称	活动名称，默认为"获取单元格颜色"，可修改
		杂项	隐私	是否隐藏活动，默认为"□"（不选中）
		输入	单元格	确定将要提取颜色的单元格，默认为"Sheet1"
			工作表名称	确定提取单元格颜色的指定工作表，默认为"Sheet1"
		输出	颜色	指定单元格的"系统、图纸、颜色"
【获取工作簿工作表】	提取工作表	常见	显示名称	活动名称，默认为"获取工作簿工作表"，可修改
		杂项	隐私	是否隐藏活动，默认为"□"（不选中）
		输入	索引	工作表索引
		输出	工作表	设置输出的工作表名称为 WorkbookApplication 工作簿类型
【获取选定范围】	获取选定范围的内容	常见	显示名称	活动名称，默认为"获取选定范围"，可修改
		杂项	隐私	是否隐藏活动，默认为"□"（不选中）
		输出	范围	设置已选范围

续表

活动名称	功能	属性	参数	相关介绍
【设置范围颜色】	设定选定范围的颜色	常见	显示名称	活动名称，默认为"设置范围颜色"，可修改
		杂项	隐私	是否隐藏活动，默认为"□"（不选中）
		输入	工作表名称	确定设置范围颜色的指定工作表，默认为"Sheet1"
			范围	确定设置范围，默认设置为"A1:A2"
			颜色	指定表格范围的"系统、图纸、颜色"
【读取列】	读取工作表指定列的内容	常见	显示名称	活动名称，默认为"读取列"，可修改
		杂项	隐私	是否隐藏活动，默认为"□"（不选中）
		输入	工作表名称	确定读取列的指定工作表，默认为"Sheet1"
			起始单元格	需要读取列的起始单元格，默认为"A1"，可修改
		输出	结果	读取列信息的值
		选项	保留格式	保留读取列的基本格式，默认为"□"（不选中）
【读取单元格】	读取单元格内容	常见	显示名称	活动名称，默认为"读取单元格"，可修改
		杂项	隐私	是否隐藏活动，默认为"□"（不选中）
		输入	单元格	读取的具体单元格范围，默认范围为"A1"
			工作表名称	确定读取单元格的指定工作表，默认为"Sheet1"
		输出	结果	读取单元格的值
		选项	保留格式	保留读取单元格的基本格式，默认为"□"（不选中）
【读取单元格公式】	读取指定单元格的公式	常见	显示名称	活动名称，默认为"读取单元格公式"，可修改
		杂项	隐私	是否隐藏活动，默认为"□"（不选中）
		输入	单元格	读取的具体单元格，默认为"A1"
			工作表名称	确定读取单元格公式的指定工作表，默认为"Sheet1"
		输出	公式	输出提取的公式，读取的公式为字符串类型
【读取范围】	读取指定工作表相关范围的内容	常见	显示名称	活动名称，默认为"读取范围"，可修改
		杂项	隐私	是否隐藏活动，默认为"□"（不选中）
		输入	工作表名称	确定设置范围颜色的指定工作表，默认为"Sheet1"
			范围	确定读取内容的设置范围，默认设置为""（空）
		输出	数据表	输出存储了已读数据的数据表对象
		选项	使用筛选器	是否筛选相关内容，默认为"□"（不选中）
			保留格式	保留读取范围的基本格式，默认为"□"（不选中）
			添加标头	是否将读取数据表的第一行作为标头，默认为"☑"（选中），系统会自动提取数据表的第一行作为写入的标头；默认为"□"（不选中），则系统自建表头
【读取行】	读取指定工作表的指定行内容	常见	显示名称	活动名称，默认为"读取行"，可修改
		杂项	隐私	是否隐藏活动，默认为"□"（不选中）
		输入	工作表名称	确定读取行的指定工作表，默认为"Sheet1"
			起始单元格	需要读取行的起始单元格，默认为"A1"，可修改
		输出	结果	读取列信息的值
		选项	保留格式	保留读取行的基本格式，默认为"□"（不选中）

续表

活动名称	功能	属性	参数	相关介绍
【选择范围】	选取指定工作表的相关范围	常见	显示名称	活动名称，默认为"选择范围"，可修改
		杂项	隐私	是否隐藏活动，默认为"□"（不选中）
		输入	工作表名称	确定选择范围的指定工作表，默认为"Sheet1"
			范围	确定工作表的选取范围，设置为字符串类型
【附加范围】	将指定的内容写入指定工作表的最末端	常见	显示名称	活动名称，默认为"附加范围"，可修改
		杂项	隐私	是否隐藏活动，默认为"□"（不选中）
		输入	工作表名称	确定写入内容的指定工作表，默认为"Sheet1"
			数据表	确定写入的内容，以数据表类型写入

模块总结

● 对 Excel 进行了全面介绍，包括其基础概念、核心功能、应用场景和发展趋势等。

● 阐述 UiPath 作为 RPA 工具，其 Excel 自动化操作在各个领域，尤其是在财务工作中的重要作用和应用价值。

● 按不同活动类介绍了 UiPath 中 Excel 的相关活动，包括对"正在处理"类活动、"表格"类活动和其他常用类活动的基本功能与属性的介绍，为后续的 UiPath 实操学习奠定基础。

模块测试

模块测试

学习导图

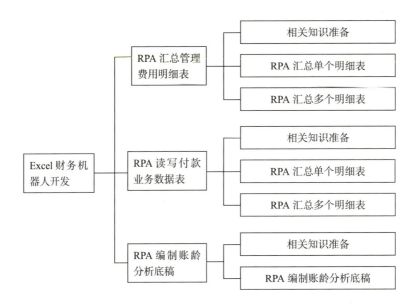

学习目标

知识目标

1. 理解 RPA 在财务数据处理中的应用以及如何通过 RPA 提高工作效率。

2. 掌握 Microsoft Excel 的基本功能，包括数据运算、分析、预测和图表制作。

3. 学习 UiPath RPA 平台的基本操作，通过 UiPath 实现 Excel 操作的自动化。

4. 了解 UiPath 中的各种 Excel 相关活动，如读取、写入、汇总数据等。

技能目标

1. 能够使用 UiPath 开发财务机器人，自动化处理 Excel 中的财务数据。

2. 熟练运用 UiPath 中的【Excel 应用程序范围】、【读取范围】、【写入范围】等活动。

3. 掌握汇总单个和多个明细表，以及编制账龄分析底稿的 RPA 流程。

4. 能够通过 RPA 读写付款业务数据表，并进行数据分析。

5. 能够处理和解决在 RPA 开发过程中遇到的常见问题。

思政目标

1. 具备良好的学习能力和实际操作能力，拥有能够接受新事物的思维。

2. 培养学生对信息技术前沿知识的理解以及对核心素养的认同。

3. 培养学生探索专业问题的兴趣，强化学生的问题意识。

4. 培养学生精益求精的工匠精神。

5. 强化学生的目标导向意识，提高学生的创新思维能力。

从第一代计算机的诞生到如今计算机的快速普及，再到社会信息化的蓬勃发展、移动互联网的广泛应用，企业与个人都面临着前所未有的压力与挑战。过去那种粗放式、手工式的数据管理和处理方式，已经不能适应当代社会的发展需求。如今瞬息万变的市场、竞争激烈的环境都要求企业在各项业务管理上做到精细和高效。

Microsoft Excel是微软公司专门为运行Windows和Apple Macintosh操作系统的计算机编写的一款电子表格软件。直观的界面、出色的计算功能和图表工具，再加上成功的市场营销，使Excel成为最流行的个人计算机数据处理软件。1993年，当Excel第一次被捆绑进Microsoft Office中时，其便迅速在适用操作平台上称霸电子制表软件领域。

现在，Excel在我们的日常学习和生活中扮演着重要的角色。它可以用来制作电子表格，应对许多复杂的数据运算，进行数据分析和预测，并且具有强大的制作图表的功能。在Excel中，不必编程就能对工作表中的数据进行检索、分类、排序、筛选等操作，此外，还可使用系统自带的函数完成各种数据分析任务。

Excel是目前公认的表格化数据处理得力助手。虽然很多用户能熟练应用Excel进行数据分析，但是在面对千、万、亿量级的数据处理时，仅依靠人工手动操作则显得力不从心。面对上述困境，就需要用到RPA，通过RPA，可以在大量重复性的工作中获取更为精确的信息，并能大大提高工作效率，从而增强个人以及企业的社会竞争力。作为微软的合作伙伴，UiPath的RPA平台具有直观、易用、开放等优势，能够让非技术人员（如财务人员等）在不需要大量软件编程知识的前提下，也能快速、高效地为日常重复性的Excel操作予以自动化处理，从而提高工作效率，优化工作体验。

任务一　RPA汇总管理费用明细表

任务背景

小张：哎呀，腰酸背痛眼花，连着加班两天，终于把各公司的管理费用、销售费用明细汇总好发给领导了。今天可以早点下班了，我想想待会去哪嗨一下……

经理：小张，你来我办公室一趟。

小张：好的领导，马上到。（心跳加速）

经理：我说过多少次了，你的工作不是简单地复制粘贴、汇总数据就行，得仔细分析费用明细情况，做出费用分析报告，最好能提出一些改进的建议，这样才能体现出你的工作价值……

小张：（委屈……）领导，每个月都得汇总各子公司的销售费用、管理费用明细表，下载表格、打开表格，再复制汇总，时间都耗费在这上面了，哪还有时间去做分析呀？而且Excel文件内容多了，动不动就死机没反应，只能干等着，我已经连着加班好几天了……

经理：这不是理由，有问题就要想办法解决，而不是原地踏步，回去好好想想解决办法……

小张：好的领导，我再想想办法……（忍住，不哭……）

任务目标

根据上述场景描述，我们要完成以下任务：（1）掌握【Excel应用程序范围】、【读取范围】、【写入范围】、【附加范围】、【遍历循环】等活动的作用、使用方法；（2）掌握获取文件路径表达式:Directory.Getfiles(value1,value2)的使用方法；（3）掌握获取文件夹中各个文件路径的方法；（4）掌握相关人工流程图、RPA流程图设计；（5）开发完成"管理费用汇总机器人"。

一、相关知识准备

（一）Excel操作自动化

UiPath中与操作Excel有关的活动主要用于帮助各种类型的企业用户实现Microsoft Excel数据处理的自动化。这些与操作Excel有关的活动包括从单元格、列、行或范围中读取数据，向其他电子表格或工作簿写入数据，以及从Excel中提取公式等。UiPath中与操作Excel有关的活动主要包括"应用程序集成—Excel"类别下的活动和"系统—文件—工作簿"类别下的活动。

（二）【Excel应用程序范围】活动属性及其应用

1.【Excel应用程序范围】活动简介

【Excel应用程序范围】活动主要用于打开目标Excel工作簿，并为其他Excel活动提供数据范围和应用程序基础。在此活动结束时，程序机器人会关闭指定的工作簿和Excel应用程序。如果不存在指定文件，则会在项目所在的文件夹中新建一个指定文件名称的Excel文件，如图4-1所示。

图4-1 【Excel应用程序范围】活动

2.【Excel 应用程序范围】活动属性

【Excel 应用程序范围】活动的主要属性设置及其功能，如表 4-1 所示。

表 4-1 【Excel 应用程序范围】活动的主要属性及其功能

活动	属性	参数	功能	备注
【Excel 应用程序范围】	常见	显示名称	在设计器面板中显示该活动的名称	默认显示"Excel 应用程序范围"，可修改，但并不改变活动本身的用途
	文件	密码	填入工作簿的密码	具体指工作簿的密码，如果工作簿在访问时受密码保护，则在此进行设置，输入对应的密码
		工作簿路径	显示工作簿的完整路径	显示 Excel 工作簿的路径字符串格式，例如，"C:\Users\Administrator\Desktop\ 草稿表 .xlsx"，如果工作簿路径没有文件扩展名，就会引发错误（必填项）
			单击活动界面内文件夹图标▢，设置文件路径	点击浏览文件，直接选择目标 Excel 工作簿（必填项），方便简洁
	输出	工作簿	将打开的工作簿转换为输出变量	变量输出的类型为 WorkbookApplication.
	活动界面	执行	需要对工作簿展开的具体操作	放置要对 Excel 工作簿进行操作的各种活动（必填项）

注：每个 Excel 工作簿对应一个【Excel 应用程序范围】，它封装了所有与该 Excel 操作相关的活动（即所有 Excel 应用程序下的活动都必须在 Excel 应用程序范围中才能执行）。

3.【Excel 应用程序范围】活动实操

（1）操作描述

用 UiPath 打开相应工作表。（注：请在课程资源中下载"模块四\4.1：业务数据"。）

（2）RPA 设计

具体的 RPA 设计步骤，如表 4-2 所示。

打开相关工作表

表 4-2 RPA 设计步骤

序号	步骤	活动	注意事项
1	打开工作表	【Excel 应用程序范围】	需在英文状态双引号内输入工作簿的完整路径，或通过单击▢，选择文件路径

（3）RPA 操作

（注：后续实操中出现的"xx"均替换为自己的名字，不再另行说明。）

步骤一：新建一个序列，将其命名为"xxExcel 应用程序范围"，接着添加【Excel 应用程序范围】活动，在【Excel 应用程序范围】活动界面中单击▢图标，然后按照文件路径选择"WZW 科技有限公司(管理费用)明细表"。

步骤二：单击快捷工具栏"调试"界面中的"进入"选项，进行分步调试。在运行文件时，可以看到 Excel 会快速打开然后关闭。具体的 RPA 活动流程如图 4-2 所示。

图 4-2　RPA 活动流程

提示：在运行期间，可以选择分步调试，或调整运行速度（慢步骤），如此便可看清 Excel 打开、关闭的运作过程。

（三）【读取范围】活动属性及其应用

1.【读取范围】活动简介

【读取范围】活动的作用是，在指定的 Excel 工作簿中，选择目标工作表（Sheet1），选中该工作表指定的范围，读取（复制）该范围内的数据，并将其存储以供流程的其他环节使用。如果未指定工作表范围，则读取整个电子表格，如图 4-3 所示。

图 4-3　【读取范围】活动

2.【读取范围】活动属性

【读取范围】活动的主要属性及其功能，如表 4-3 所示。

表 4-3 【读取范围】活动的主要属性及其功能

活动	属性	参数	功能	备注
【读取范围】	输入	范围	指定待读取的单元格范围	如果未指定范围，则 ""代表读取整个电子表格；如果将范围指定为某个单元格，则从该单元格开始读取整个电子表格（必填项）
	输出	数据表	输出存储已读数据的数据表对象	将读到的数据存储在 DataTable 类型的变量中，创建变量用于存储读取的结果（必填项）
	选项	使用筛选器	若选中，则该活动不会读取指定范围内已筛选的内容	默认未选中
		保留格式	若选中此复选框，将保留所读取范围的格式	默认未选中，保留单元格（如货币、日期等）中显示的格式，将逐个单元格地读取该范围，且其性能不如批量读取
		添加标头	若选中该活动，则会自动提取指定电子表格范围内的列标题	默认为选中状态，指定是否将该范围内的首行视为列标头定义，如果设置为 False，则数据表中返回的列名称将为空

3.【读取范围】活动实操

（1）操作描述

用 UiPath 读取"WZW 科技有限公司（管理费用）明细表"中的相关内容。

读取工作表范围

（2）RPA 设计

具体的 RPA 设计步骤，如表 4-4 所示。

表 4-4　RPA 设计步骤

序号	步骤	活动	注意事项
1	打开工作表	【Excel 应用程序范围】	需在英文状态双引号内输入工作簿的完整路径
2	读取表中内容	【读取范围】	确定"读取范围"，创建新的变量并获取读取值

（3）RPA 操作

步骤一：新建一个序列，将其命名为"xx 读取操作"，并添加【Excel 应用程序范围】活动，添加后，选择"模块四\4.1：业务数据\WZW 科技有限公司（管理费用）明细表.xlsx"对应的文件路径。

步骤二：在【Excel 应用程序范围】活动的"执行"中，添加【读取范围】活动（此处为 Excel 条目下的【读取范围】活动），并对其属性进行设置，将"输入—工作表名称"设置为字符串"Sheet1"，"输入—范围"设置为字符串"A2"（读取数据的起始单元格），将"选项—添加标头"勾选上"☑"。针对"输出—数据表"创建（可用快捷键 Ctrl+K）一个新变量"xxdata"用来存储已读取的数据，将此变量的"变量类型"设置为"DataTable"（具体操作是：单击流程左下角的"变量"后，在"变量类型"下拉式菜单中选择"System.Data.DataTable"，如图 4-4 所示），并将此变量的"范围"设置为

"xx 读取操作"。

图 4-4　变量设置

步骤三：打开快捷工具栏里的"调试"界面，依次单击"进入"按钮，进行分步调试，查看界面左上角"本地—变量"中变量"xxdata"的值。单击变量"xxdata"后面的 ✎（编辑查看）按钮，查看其输出结果，如图 4-5 所示。

图 4-5　输出结果

4.【读取范围】实操拓展

（1）【读取范围】更改

基于"xx 读取操作"序列流程来开展后续操作，持续修改【读取范围】活动中的"范围"设置，具体是在该活动属性中的"输入 — 范围"处操作，先将字符串分别设置为"A3:A5"、"B3"、" "，再利用分步调试功能查看变量"xxdata"的相应结果。

（2）添加标头

在序列"xx 读取操作"流程基础上进行操作。在【读取范围】活动中，先将范围设置为"A2"，再将"选项—添加标头"分别设置为勾选"☑"、不勾选"□"，最后通过分步调试功能查看变量"xxdata"的结果变化情况。

操作提示：勾选标头运行流程时，变量"xxdata"实际读取的数据包含 A2 和 A3 两行。其中，A2 为标题，A3 为数据内容。若不勾选标头运行流程时，则变量"xxdata"实际也只会读取 A2 和 A3 两行，不过要是标题行为空，则 A2 和 A3 就都为数据内容了。

5.【读取范围】知识拓展

通过实操，我们发现了有两个【读取范围】活动，那么，这两个活动有什么区别呢？详细描述如表 4-5 所示。

表 4-5　Excel、工作簿中的【读取范围】活动的区别

活动	相同点	不同点
Excel 中的【读取范围】	读取 Excel 中的相关数据	运行时会打开 / 关闭 Excel 表格； 必须包含在【Excel 应用程序范围】控件里； 工作簿路径统一写在【Excel 应用程序范围】内
工作簿中的【读取范围】		运行时不会创建 Excel 进程，故不存在 Excel 进程残留的问题； 可以单独使用； 工作簿路径单独写在每个活动中

类似【读取范围】活动的情况还有很多，例如，【读取单元格】、【读取行】、【读取列】、【写入范围】、【附加范围】等活动，如表 4-6 和图 4-6 所示。

表 4-6　Excel、工作簿下的相同活动对比

项目	Excel 下的活动	工作簿下的活动
使用方式	必须包含在【Excel 应用程序范围】中	独立使用
文件路径	只需在【Excel 应用程序范围】内设置	需要单独设置
用户是否可见	用户能看见打开的 Excel 文件	不可见
Excel 软件	必须安装	无须安装
性能	相对低	相对高

（四）【写入范围】活动属性及其应用

1.【写入范围】活动简介

【写入范围】活动的作用是，按照指定的 Excel 工作簿、指定的工作表 (Sheet1)，从指定的起始单元格开始，将数据表中的数据写入电子表格。如果未指定起始单元格，就从 A1 单元格开始写入数据。如果指定的工作表不存在，它就会依据"工作表名称"新建一个工作表。此时，数据表范围内的所有单元格内容都将被覆盖重写，而且所作更改会立即被保存，如图 4-7 所示。

2.【写入范围】活动属性

【写入范围】活动的主要属性及其功能，如表 4-7 所示。

表 4-7　【写入范围】活动的主要属性及其功能

活动	属性	参数	功能	备注
【写入范围】	目标	起始单元格	从指定单元格开始写入数据	数据写入的起始单元格，默认值为"A1"，该字段仅支持字符串或字符串变量
	输入	数据表	数据表中保存着即将被写入 Excel 的数据	待输入的数据表，支持 DataTable 类型的变量
	选项	添加标头	指定是否应将该范围中的首行视为列标头	默认未选中，如果设置为 False，则数据表中返回的列名称将为空

图 4-6　相同名字的活动

图 4-7　【写入范围】活动

3.【写入范围】活动实操

（1）操作描述

读取明细表中的相关内容，并将读取的内容写入汇总工作表的相应位置。

写入工作表内容

（2）RPA设计

具体的RPA设计步骤，如表4-8所示。

表 4-8　RPA设计步骤

序号	步骤	活动	注意事项
1	打开工作表	【Excel 应用程序范围】	以字符串形式输入工作簿的完整路径，单击□图标，选择明细表文件路径
2	读取表中内容	【读取范围】	确定读取范围，创建新的变量来获取读取值
3	打开工作表	【Excel 应用程序范围】	选择汇总表文件路径
4	写入相关内容	【写入范围】	确定写入位置，写入已创建的变量值

（3）RPA操作

步骤一：新建一个名为"xx写入操作"的序列，添加【Excel应用程序范围】活动，添加后，选择"模块四\4.1：业务数据\WZW软件有限公司（管理费用）明细表.xlsx"对应的文件路径。

步骤二：在【Excel应用程序范围】活动的"执行"中，添加【读取范围】活动，并对其属性进行设置。具体设置内容是，将"输入—工作表名称"设置为字符串"Sheet1"，"输入—范围"设置为字符串"A2"，"输出—数据表"设置为新创建的变量"xxdata"，同时将此变量的"变量类型"设置为"DataTable"，"范围"设置为"xx写入操作"，并且将"选项—添加标头"设置为"☑"。

步骤三：跳出【Excel应用程序范围】活动，继续添加【Excel应用程序范围】新活动，选择"模块四\4.1：业务数据\1.WZW集团（管理费用）明细汇总主表.xlsx"对应的文件路径。

步骤四：在【Excel应用程序范围】新的活动的"执行"中，添加【写入范围】活动（此处为Excel条目下的【写入范围】活动），并进行属性设置，将"目标—工作表"设置为字符串"Sheet1"，"目标—起始单元格"设置为字符串"A3"，"输入—数据表"设置为已创建的变量"xxdata"。

步骤五：运行该程序，然后，打开明细汇总主表查看运行后的结果，如图4-8所示。具体流程如图4-9所示。

	A	B	C	D	E	F	G	H	I	J	K
1				WZW集团（管理费用）明细汇总主表			写入值				
2	公司名称	期间	管理费用	职工薪酬	折旧摊销	办公费	审计咨询	修理费	差旅费	保险费	其他
3	WZW软件有限公司	2024.01	151	80	0	33	0	13	12	0	13

图4-8　RPA运行结果

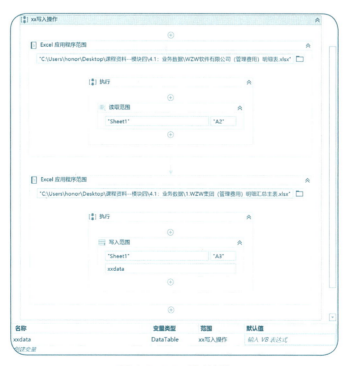

图4-9　RPA活动流程

4.【写入范围】实操拓展

在序列"xx写入操作"流程基础上进行操作。在【写入范围】活动的属性中，将"选项—添加标头"设置为不选中"□"，并查看运行结果。

（五）【附加范围】活动属性及其应用

1.【附加范围】活动简介

【附加范围】活动的作用是，依据指定的Excel工作簿里的工作表(Sheet1)，把"数据表"变量中所存储的信息添加到该工作表的末尾。如果该工作表不存在，它就会使用"工作表名称"字段中指定的名称新建一个工作表。需注意的是，该活动仅在【Excel应用程序范围】活动处于执行过程中才有效，如图4-10所示。

图4-10　【附加范围】活动

2.【附加范围】活动属性

【附加范围】活动的主要属性及其功能，如表4-9所示。

表4-9　【附加范围】活动的主要属性及其功能

活动	属性	参数	功能	备注
【附加范围】	输入	工作表名称	要写入数据的工作表名称	要写入的工作表名称，如果工作表不存在，就用"工作表名称"自动新建一个工作表，默认值为"Sheet1"，该字段仅支持字符串或字符串变量（必填项）
		数据表	要添加的数据、要写入的数据表变量	要写入的数据内容（之前已创建的数据表变量），变量是DataTable数据类型（必填项）

3.【附加范围】活动实操

（1）操作描述

读取明细工作表中的相关内容，并将读取的内容写入汇总工作表的末尾处。

（2）RPA设计

具体的RPA设计步骤，如表4-10所示。

表格末添加内容

表 4-10　RPA设计步骤

序号	步骤	活动	注意事项
1	打开工作表	【Excel 应用程序范围】	以字符串的形式输入工作簿的完整路径
2	读取表中内容	【读取范围】	确定"读取范围",创建新的变量来获取读取值
3	打开工作表	【Excel 应用程序范围】	选择汇总表文件路径
4	写入相关内容	【写入范围】	确定写入位置,写入已创建的变量值

（3）RPA操作

步骤一：新建一个名为"xx写入操作"的序列，添加【Excel应用程序范围】活动，添加后，选择"模块四\4.1：业务数据\WZW科技有限公司（管理费用）明细表.xlsx"对应的文件路径。

步骤二：在【Excel应用程序范围】活动的"执行"中，添加【读取范围】活动，并对其属性进行设置，具体设置内容是，将"输入—范围"设置为"A2"，"输出—数据表"设置为新创建的变量"xxdata"，并将变量类型设置为"DataTable"，范围设置为"xx写入操作"，"选项—添加标头"设置为"☑"。

步骤三：跳出【Excel应用程序范围】活动，继续添加【Excel应用程序范围】新活动，选择"模块四\4.1：业务数据\1.WZW集团（管理费用）明细汇总主表.xlsx"对应的文件路径。

步骤四：在【Excel应用程序范围】新活动的"执行"中，添加【附加范围】活动，并进行属性设置，将"目标—工作表"设置为字符串"Sheet1"，"输入—数据表"设置为已创建的变量"xxdata"。

步骤五：运行流程后，打开明细汇总主表并查看运行后的结果，如图4-11所示。具体流程如图4-12所示。

图 4-11　RPA 流程运行结果

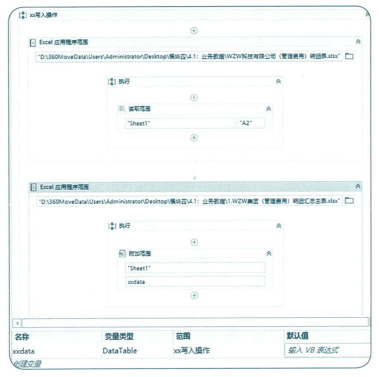

图 4-12　RPA 活动流程

4.【附加范围】实操拓展

首先，新建一个名为"写入操作拓展练习"的序列，接着在该系列里添加"文件—工作簿"条目下的【读取范围】、【写入范围】、【附加范围】这三个活动，之后，按照前述示例进行练习，完成各项设置后运行文件，最后查看运行的结果。

5.【附加范围】知识拓展

【写入范围】活动和【附加范围】活动，两者在本质功能方面都是写入相关信息内容，但两者又各有不同，具体对比分析如表 4-11 所示。

表 4-11　【写入范围】、【附加范围】活动对比分析

项目活动		【写入范围】	【附加范围】
活动相同点		两者都可以向指定工作表中写入数据（数据表类型）	
不同点	是否需要指定写入位置	需要（从指定位置开始写入）	不需要（从指定工作表的末尾处写入）
	是否可以添加文件标头	是（根据需要自行选择）	否

（六）【选择文件】、【选择文件夹】活动属性及其应用

1.【选择文件】、【选择文件夹】活动简介

【选择文件】、【选择文件夹】活动的主要作用是，打开相应的文件、文件夹。当运

行或调试【选择文件】、【选择文件夹】活动时，系统会弹出一个窗口，供用户选择文件、文件夹，并将用户的选择结果输出为一个文件、文件夹路径，以便后续流程中的其他环节可以使用，如图 4-13 所示。

2.【选择文件】、【选择文件夹】活动属性

【选择文件】、【选择文件夹】活动的主要属性及其功能，如表 4-12 所示。

图 4-13 【选择文件（文件夹）】活动

表 4-12 【选择文件】、【选择文件夹】活动的主要属性及其功能

活动	属性	参数	功能	备注
【选择文件】	输入	筛选	输入选择的文件类型	默认全部文件类型，具体为 "All files (*.*)|*.*"
	输出	选择的文件	输出所选文件的完整路径	如后续程序使用此文件路径，则需要创建变量存储文件的完整路径。变量为字符串数据类型 "String"
【选择文件夹】	输出	选择的文件夹	输出所选文件夹的完整路径	如后续程序使用此文件夹路径，则需要创建变量存储文件夹的完整路径。变量为字符串数据类型 "String"

注：本活动在运行后需人工选择，所以应放在执行流程前，以提高工作效率。

3.【选择文件】、【选择文件夹】活动实操

（1）操作描述

用 UiPath 打开相关文件，读取文件路径，并通过【写入行】活动输出文件路径。

打开文件 / 文件夹

（2）RPA 设计

具体的 RPA 设计步骤，如表 4-13 所示。

表 4-13 RPA 设计步骤

序号	步骤	活动	注意事项
1	打开文件	【选择文件】	创建新的变量（字符串类型），获取文件路径
2	打开文件夹	【选择文件夹】	创建新的变量（字符串类型），获取文件夹路径
3	写入相关内容	【写入行】	调用已创建的变量

（3）RPA 操作

步骤一：新建一个名为"xx 打开文件、文件夹操作"的序列，并添加【选择文件】活动，对其属性进行设置，将"输出—选择的文件"设置为新创建的变量"xxfile"，同时将此变量的"范围"设置为"xx 打开文件、文件夹操作"，"变量类型"皆设置为"String"。

步骤二：在上述基础上，继续添加【选择文件夹】活动，将"输出—选择的文件夹"设置为新创建的变量"xxfolder"，此变量的"范围""变量类型"设置方式同上。

步骤三：完成前面步骤后，继续添加【写入行】活动，将该活动的"杂项—文本"设置为已创建的变量"xxfile"。

步骤四：再继续添加【写入行】活动，将"杂项—文本"设置为已创建的变量"xxfolder"。

步骤五：运行文件，运行时分别选择对应的文件、文件夹，并查看运行的结果，具体流程如图4-14所示。

（七）获取路径表达式

在UiPath中，VB（Visual Basic）表达式是用于控制工作流程逻辑的一种编程语言。UiPath配备的表达式编辑器有着友好的界面，可供开发者编写和测试这些表达式，并且具备自动完成和错误检查功能，可以帮助开发者快速编写和调试代码。

图4-14 RPA活动流程及运行结果

1.表达式：Directory.GetFiles简介

Directory.XXX属于一大类表达式，它包含大量与目录操作相关的方法，如获取文件、删除目录、创建子目录等，如图4-15所示。

Directory.GetFiles是常用的一个表达式，它的主要作用是获取指定文件夹下符合条件的文件路径，并形成字符串集合(String[ ])。具体的表达式形式是：Directory.GetFiles(value1,value2)。

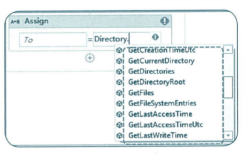

图4-15 Directory.XXX表达式

设置提示如下：

（1）输入表达式时，输入法应切换至全英文状态。

（2）GetFiles：其作用是作为获取文件路径的表达式（或函数方法）。

（3）value1：用于设置文件夹的路径（为String类型），可直接输入文件夹的路径或输入变量，此为必填项。

（4）value2（特征串）：用于筛选特定文件的规则（选填项），可填可不填，填"*"表示该目录下的所有文件，填"*.xlsx"表示筛选出后缀为.xlsx的所有文件，填"*明细表*.xlsx"表示筛选文件名包含明细表且后缀为.xlsx的所有文件，填"*明细表*"表示筛选文件名包含"明细表"的所有文件。

2.表达式：Directory.GetFiles的输出结果

表达式：Directory.GetFiles(value1,value2)的输出结果为数组集合（Array），具体为字符串集合（String[ ]），即字符串的一维数组。

数组：指同一种数据类型的有序集合。

数组的组成要求：（1）同一类型：都是String类型或都是Int32类型；（2）有序：各元素间用","（英文逗号）隔开；（3）集合：用"{ }"（花括号）括起来。

数组集合(Array)举例：{"姓名","电话","地址"}、{"香蕉","苹果","火龙果"}、{1,3,5,7}。

3. 表达式：Directory.GetFiles 的输出设置

（1）选择数组数据 Array of [T]，如图 4-16 所示。

（2）选择元素对应的数据类型，如图 4-17 所示。

图 4-16　选择数组集　　　　　　　　图 4-17　数据类型选择

4. 表达式实操

（1）操作描述

用 UiPath 打开相关文件夹，以获取此文件夹中所有文件的路径。

（2）RPA 设计

具体的 RPA 设计步骤，如表 4-14 所示。

读取工作表路径

表 4-14　RPA 设计步骤

序号	步骤	活动	注意事项
1	打开文件	【选择文件夹】	创建新的变量（字符串类型），获取文件夹路径
2	赋值	【分配】	以英文状态输入相关表达式；将文件夹中所有文件的路径的值赋给新的变量（String[ ]）
3	调试并查看结果	—	进入调试界面，分步调试并查看变量的值

（3）RPA 操作

步骤一：新建一个名为"xx 表达式初探"的序列，并添加【选择文件夹】活动，对其属性进行设置，将"输出—选择的文件夹"设置为新创建的变量"xxfolder"，同时将此变量的"变量类型"设置为"String"，此变量及后续变量的"范围"皆设置为"xx 表达式初探"。

步骤二：在上述基础上，继续添加【分配】活动，将该活动的"杂项—值"设置为表达式"Directory.GetFiles(xxfolder)"，"杂项—受让人"设置为新创建的变量"xxfiles"，并将此变量的"变量类型"设置为"String[ ]"。

步骤三：进入调试界面，通过分步调试后，查看变量"xxfiles"的结果，如图 4-18 所示。

图 4-18   本地值结果查看

5.表达式实操拓展

在序列"xx表达式初探"流程的基础上进行操作，具体做法是：修改Directory.GetFiles()的参数，目的是获取文件夹"模块四\4.1：业务数据"下名称中包含"明细表"这一关键词的所有文件路径。完成参数修改后，再次进入调试界面，通过分步调试，查看变量"xxfiles"的变化情况。

（八）【遍历循环】活动属性及其应用

1.【遍历循环】活动简介

遍历循环的作用是：遍历集合（或List）中的每一个元素（一次只遍历一个元素），并将其赋值给变量item，然后执行循环体中的活动，每遍历一次，循环体便执行一次，如图 4-19 所示。

图 4-19   【遍历循环】活动

2.【遍历循环】活动属性

【遍历循环】活动的主要属性及其功能，如表 4-15 所示。

表 4-15 【遍历循环】活动的主要属性及其功能

活动	属性	参数	功能	备注
【遍历循环】	杂项	Type-Argument	选择此活动自动创建变量"item"的数据类型	默认为"Object"数据类型，此处应选择循环体的元素类型
		值	将要循环或遍历的主体	遍历的对象（集合或 List）（必填项）
	输出	索引	集合中当前元素从零开始的索引	默认从整数 0 开始
	遍历循环界面	循环参数	主要的循环参数"item"	"item"为本活动自动产生的循环变量（无须单独创建，可以修改），即第 1 次循环时，其值为第 1 个元素；第 2 次循环时，其值为第 2 个元素，以此类推，直至最后一个元素
	正文界面	活动放置处	将后续活动放置在此处	循环体，需要循环执行的活动，目的不同，活动也不同（必填项）

3.【遍历循环】活动实操

（1）操作描述

用UiPath打开相关文件夹，以获取此文件夹中所有文件的路径，并通过【写入行】逐行输出文件路径。

循环输出表名称

（2）RPA设计

具体的RPA设计步骤，如表 4-16 所示。

表 4-16 RPA设计步骤

序号	步骤	活动	注意事项
1	打开文件	【选择文件夹】	创建新的变量（字符串类型），获取文件夹路径
2	赋值	【分配】	以英文状态输入相关表达式；通过表达式 Directory.GetFiles() 获取文件夹路径；变量类型为 String[ ]
3	循环操作	【遍历循环】	设置循环相应的变量（xxfiles），遍历变量 (xxfiles) 中的每一个元素
4	写入	【写入行】	逐行输出文件夹路径

（3）RPA操作

步骤一：新建一个名为"xx遍历循环"的序列，并添加【选择文件夹】活动，对其属性进行设置，将"输出—选择的文件夹"设置为新创建的变量"xxfolder"，同时将此变量及后续变量的"范围"皆设置为"xx遍历循环"，此变量的"变量类型"设置为"String"。

步骤二：在上述基础上，继续添加【分配】活动，将该活动的"杂项—值"设置为"Directory.GetFiles(xxfolder)"，"杂项—受让人"设置为新创建的变量"xxfiles"，并将此变量的"变量类型"设置为"String[ ]"。

步骤三：继续添加【遍历循环】活动，将"杂项—值"设置为已创建的变量"xxfiles"，"杂项—TypeArgument"设置为"String"。系统会自动将输入的变量赋值给默认变量"item"，而变量item默认的数据类型是Object，故需要将其修改成读取的变量类型。

步骤四：在【遍历循环】活动的"正文"中添加【写入行】活动，并将"杂项—文本"设置为已创建的变量"item"。

步骤五：运行程序，此时会跳出文件夹选择对话框，在对话框中选择"模块四\4.1：业务数据"文件夹，之后查看输出结果，如图 4-20 所示。具体流程如图 4-21 所示。

图 4-20　运行结果输出

图 4-21　RPA 活动流程

二、RPA汇总单个明细表

（一）业务流程设计

单个明细表的汇总流程为：首先，打开一个子公司的管理费用明细表，在该表中复制业务数据（无须设置行标题）；接着，打开汇总表，并将复制的内容粘贴至汇总表的对应位置。人工步骤业务流程，如表4-17所示，业务流程如图4-22所示。

表 4-17　人工步骤业务流程

步骤	人工动作	备注
Step1	打开管理费用明细表	找到明细表所在的位置（文件路径）
Step2	复制业务数据	确定工作表；确定业务数据的区域；确认是否复制标题；将内容复制到剪切板
Step3	打开管理费用汇总表	找到汇总表所在的位置（文件路径）
Step4	粘贴内容	确定工作表；确定粘贴位置；确认是否粘贴标题

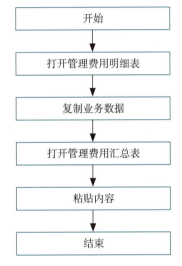

图 4-22　业务流程

（二）RPA设计步骤

具体的RPA设计步骤，如表4-18所示。

表 4-18　RPA设计步骤

步骤	人工流程	RPA 流程（1）	RPA 流程（2）
Step1	打开管理费用明细表	【Excel 应用程序范围】	—
Step2	复制业务数据	Excel 条目下【读取范围】	工作簿条目下【读取范围】
Step3	打开管理费用汇总表	【Excel 应用程序范围】	—
Step4	粘贴内容	Excel 条目下【附加范围】或【写入范围】	工作簿条目下【附加范围】或【写入范围】

（三）RPA流程开发

步骤一：新建一个名为"xx管理费用汇总机器人（单表汇总）"的序列。在序列中添加【Excel应用程序范围】活动，并在选择文件时，选择"WZW科技有限公司（管理费用）明细表"。

汇总单个明细表

步骤二：在【Excel应用程序范围】活动的"执行"中，添加【读取范围】活动，并对其属性进行设置，将"输入—工作表名称"设置为字符串"Sheet1"，"输入—范围"设置为字符串"A2"，"输出—数据表"设置为新创建的变量"xxdata"，并将此变量的"变量类型"设置为"DataTable"，"范围"设置为"xx管理费用汇总机器人（单表汇总）"，"选项—添加标头"设置为"☑"。

步骤三：在第一个【Excel应用程序范围】活动外，再添加一个新的【Excel应用程序范围】活动，此次要选择的是汇总表文件"1.WZW集团（管理费用）明细汇总主表"。

步骤四：在新的【Excel应用程序范围】活动的"执行"中，添加【附加范围】活动，并对其属性进行设置，将"输入—工作表名称"设置为字符串"Sheet1"，"输入—数据表"设置为已创建的变量"xxdata"。

步骤五：跳出【Excel应用程序范围】活动，在整个流程的最外层添加【消息框】活动，将"输入—文本"设置为字符串"恭喜你xx，全部完成，你真棒～～"。

步骤六：运行流程，并查看明细汇总主表运行后的结果，如图4-23所示。具体活动流程如图4-24所示。

	A	B	C	D	E	F	G	H	I	J	K
1	WZW集团（管理费用）明细汇总主表										
2	公司名称	期间	管理费用	职工薪酬	折旧摊销	办公费	审计咨询	修理费	差旅费	保险费	其他
3	WZW科技有限公司	2024.02	74	40	0	20	5	0	6	0	3
4											

图 4-23 RPA 运行结果查看

（四）实操任务拓展

以RPA流程（2）为例，设置相关活动的属性，并完成开发任务。

三、RPA汇总多个明细表

（一）任务场景回顾

帮助小张开发一个名为"管理费用汇总机器人（多表汇总）"的工具。

资料情况：各子公司的管理费用明细表，在费用项目、排列顺序、格式设置上完全相同，并与汇总表的费用项目、排列顺序、格式设置也完全一致。

小张已经将各子公司的管理费用明细表、WZW集团的管理费用汇总表，全都存储进了实训文件夹"模块四\4.1 业务数据"中。

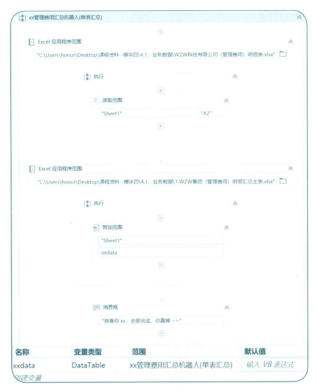

图 4-24　RPA 活动流程

任务：小张需要将各子公司的管理费用明细表的数据内容，全部汇总至管理费用汇总表里。

（二）业务流程设计

多个明细表的汇总流程为：先打开第 1 个子公司的管理费用明细表，从中复制业务数据；接着打开汇总表，将复制好的业务数据粘贴至表的空白位置；之后，打开第 2 个子公司的管理费用明细表，再次复制业务数据；最后，打开汇总表，依次将复制内容粘贴至对应位置，如表 4-19 所示。

表 4-19　流程设计

步骤	人工流程	RPA 流程
Step1	打开管理费用明细表	【Excel 应用程序范围】
Step2	复制业务数据到……	Excel 条目下【读取范围】
Step3	打开管理费用汇总表	【Excel 应用程序范围】
Step4	粘贴内容	Excel 条目下【附加范围】
Step1	打开管理费用明细表	【Excel 应用程序范围】
Step2	复制业务数据到……	Excel 条目下【读取范围】
Step3	打开管理费用汇总表	【Excel 应用程序范围】
Step4	粘贴内容	Excel 条目下【附加范围】
……		

按此方法所形成的 RPA 流程需要 $4*N$ 个活动。显然，工作量巨大且操作不灵活。通过观察可以发现，当汇总每个明细表时，所执行的动作都相同。因此，可以设计 RPA 循环来执行针对每一个明细表的动作，直至所有明细表全部汇总完成。

业务流程如图 4-25 所示。

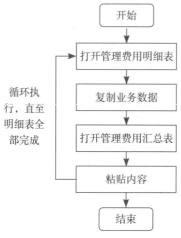

图 4-25　业务流程

（三）RPA 流程设计

根据汇总单个明细表的流程可知，在各步骤中通常需要设置相关属性。除各公司明细表的路径发生变化外，其他都是固定不变的。为了实现循环功能，应将各子公司明细表的文件路径设置为被遍历的对象（集合），同时将 Step1~Step4 的各活动设置为循环体，如表 4-20 所示。

表 4-20 RPA 设计步骤

步骤	RPA 流程	属性设置
Step1	【Excel 应用程序范围】	A 公司明细表 .xlsx
Step2	Excel 条目下【读取范围】	Sheet1，A2，data
Step3	【Excel 应用程序范围】	集团明细汇总表 .xlsx
Step4	Excel 条目下【附加范围】	Sheet1，data
Step1	【Excel 应用程序范围】	B 公司明细表 .xlsx
Step2	Excel 条目下【读取范围】	Sheet1，A2，data
Step3	【Excel 应用程序范围】	集团明细汇总表 .xlsx
Step4	Excel 条目下【附加范围】	Sheet1，data
……		

（四）RPA 流程开发

步骤一：新建一个名为"xx 公司管理费用汇总表（多表汇总）"的序列，在序列中添加【消息框】活动，并将"输入—文本"设置为字符串"请 xx 选择管理费用汇总表"。

汇总多个明细表

步骤二：在上述基础上，继续添加【选择文件】活动，将"输出—选择的文件"设置为新创建的变量"xxfile_汇总表"，并将此变量的"变量类型"设置为字符串"String"，此变量及后续变量的"范围"皆设置为"xx公司管理费用汇总表（多表汇总）"。

步骤三：继续添加【消息框】活动，将"输入—文本"设置为字符串"请xx选择管理费用的文件夹"。

步骤四：继续添加【选择文件夹】活动，将"输出—选择的文件夹"设置为新创建的变量"xxfolder"，并将此变量的"变量类型"设置为字符串"String"。

步骤五：继续添加【分配】活动，将"杂项—值"设置为表达式"Directory.Getfiles(xxfolder)，"杂项—受让人"设置为新创建的变量"xxfiles_明细表"，"变量类型"设置为"String[ ]"。（此步骤的作用是：通过表达式Directory.Getfiles()获取变量xxfolder的值，并将表达式获取的文件路径赋值给新的数据表变量"xxfiles_明细表"。）

步骤六：继续添加【遍历循环】活动，将"杂项—值"设置为已创建的变量"xxfiles_明细表"，"杂项—TypeArgument"设置为"String"（将默认系统变量"item"修改成读取的变量类型）。

步骤七：在【遍历循环】活动的"正文"中，添加【Excel应用程序范围】活动，将"文件—工作簿路径"设置为系统变量"item"。

步骤八：在【Excel应用程序范围】活动的"执行"中，添加【读取范围】活动，将"输入—工作表名称"设置为字符串"Sheet1"，"输入—范围"设置为字符串"A2"，"输出—数据表"设置为新创建的变量"xxdata"，"变量类型"设置为"DataTable"，各变量具体设置如图4-26所示。

名称	变量类型	范围
xxfile_汇总表	String	xx公司管理费用汇总表（多表汇总）
xxfolder	String	xx公司管理费用汇总表（多表汇总）
xxfiles_明细表	String[]	xx公司管理费用汇总表（多表汇总）
xxdata	DataTable	xx公司管理费用汇总表（多表汇总）

图 4-26　各变量设置

步骤九：跳出【Excel应用程序范围】活动的"执行"，在【遍历循环】活动的"正文"中，继续添加另一个【Excel应用程序范围】活动，将"文件—工作簿路径"设置为已创建的变量"xxfile_汇总表"。

步骤十：在新的【Excel应用程序范围】活动的"执行"中，添加【附加范围】活动，将"输入—工作表名称"设置为字符串"Sheet1"，"输入—数据表"设置为已创建的变量"xxdata"。

步骤十一：跳出【遍历循环】活动，在流程的最外层继续添加【消息框】活动，将

"输入—文本"设置为字符串"恭喜你xx，全部完成，你真棒~~"。

步骤十二：运行程序，打开明细汇总主表查看运行后的结果，RPA汇总了所有子公司明细表的数据于集团汇总主表，如图4-27所示。具体流程如图4-28所示。

公司名称	期间	管理费用	职工薪酬	折旧摊销	办公费	审计咨询	修理费	差旅费	保险费	其他
WZW会计教育科技有限公司	2024.02	181	120	0	25	0	13	12	0	11
WZW会计网校	2024.01	225	94	25	21	36	18	11	5	15
WZW科技有限公司	2024.02	74	40	0	20	5	0	6	0	3
WZW软件有限公司	2024.01	151	80	0	33	0	13	12	0	13
WZW远见有限公司	2024.02	74	40	0	20	5	0	6	0	3

图 4-27　RPA 运行结果

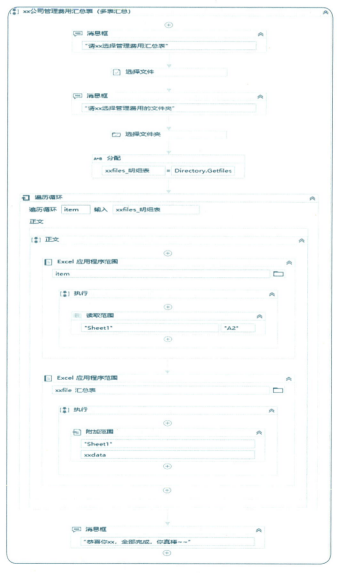

图 4-28　RPA 活动流程

（五）实操问题汇总

1.未设置变量输入值

在【读取范围】、【附加范围】、【写入范围】等活动中未创建变量，或已创建但未输入变量，如图 4-29 所示。

图 4-29　未设置变量输入值

解决方法：从报错的活动开始，向前进行查找，找到相应的活动创建变量，或输入已创建的变量，如图 4-30 所示。

图 4-30　设置输入值或输出值

2.变量范围设置有误

在【读取范围】、【附加范围】、【写入范围】等活动中，发现已创建的变量范围有误，主要原因是变量范围设置太小，如图 4-31 所示。

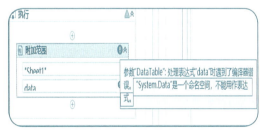

图 4-31　范围设置有误

解决方法：检查【读取范围】活动中是否创建了变量，或扩大已创建变量的范围。

3.变量类型设置错误

变量类型设置错误，导致数组无法转换为字符串，如图 4-32 所示。

图 4-32　变量类型设置错误

解决方法：修改变量"files_明细表"的类型，将"String"修改为"String[ ]"。

4. 变量类型选择错误

变量类型选择错误，导致"Object"数据类型无法直接转换为"String"数据类型，如图 4-33 所示。

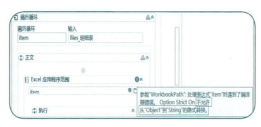

图 4-33　隐式转换错误

解决方法 1：修改遍历循环的属性（TypeArgument），将"Object"数据类型修改为"String"数据类型。

解决方法 2：在【Excel 应用程序范围】的文件路径中，输入"item.ToString"。

任务二　RPA 读写付款业务数据表

任务背景

经理：小张，你什么时候有空，来我办公室一趟。

小张：好的领导，马上到。哎呀，我难道又犯错了？但听声音领导好像没生气……

经理：小张，你最近工作效率高了很多呀，对费用的分析做得很好，提出的意见也很合理。在公司经营分析会上，我们部门还得到了大领导的夸赞呢。我已经申请给你调薪了。

小张：哇，谢谢领导。看来我还是有能力的。

经理：那当然了，继续努力呀。另外，你能把各部门的付款申请单汇总起来吗？等以后数据足够多的时候，再分析一下付款的周期、类别等情况。

小张：好的领导，交给我吧。

任务目标

根据上述场景描述，我们要完成以下任务：（1）掌握【写入单元格】、【构建数据表】、【添加数据行】等活动的作用、使用方法；（2）掌握读取数据表中某一单元格以及统计数据表行数的方法；（3）根据特定的业务场景，熟练掌握设计人工流程图以及构建 RPA 操作流程的方法；（4）开发完成"读写业务数据机器人"。

一、相关知识准备

（一）获取数据表达式

1. 表达式：DataTable.Rows(x)(y).ToString 简介

DataTable.Rows 表达式的作用是获取数据表（DataTable）中的某行某列单元格的值，并将其转换为字符串格式。在数据表中，行与列的索引都是从 0 开始的，即数据表的第 1 行内容（不含标题行）其索引为 0，第 1 列索引也为 0。具体表达式公式如下：

$$DataTable.Rows(x)(y).ToString$$

设置提示：

（1）在输入表达式时，输入法应切换至全英文状态。

（2）DataTable 为数据表变量的具体名称，此为默认值。

（3）Rows：表示获取数据表某行某列单元格值的功能。

（4）x：数据表的行索引，是从 0 开始的整数，必填项；y：数据表的列索引，同样是从 0 开始的整数，也是必填项。

（5）ToString：将单元格的值转换为字符串格式。

（6）其读取对象是数据表，而不是 Excel 表。

2. 表达式实操

（1）操作描述

用 UiPath 打开相应的工作表（在课程资源中下载"模块四\4.2：业务数据"，保存至本地电脑桌面，并解压文件），读取明细工作表中相应索引值的内容。

（2）RPA 设计

具体的 RPA 设计步骤，如表 4-21 所示。

表 4-21　RPA 设计步骤

序号	步骤	活动	注意事项
1	打开工作表	【Excel 应用程序范围】	需在英文状态双引号内输入工作簿的完整路径
2	读取表中内容	【读取范围】	确定"读取范围"，创建新的变量来获取读取值
3	输出索引值	【写入行】+ 表达式	表达式中列索引值、行索引值都从 0 开始

（3）RPA 操作

步骤一：新建一个名为"xx 表达式应用"的序列，添加【Excel 应用程序范围】活动，在【Excel 应用程序范围】活动内，选择 Excel 文件"预算内常规付款申请 1.xlsx"的路径。

读取单元格信息

步骤二：在【Excel 应用程序范围】活动的"执行"中，添加【读取范围】活动，在其属性中，将"输入—工作表名称"设置为字符串"Sheet1"，"范围"设置为字符串"A3"，"数据表"设置为新创建的变量"xxdata"，"变量类型"设置为字符串"DataTable"，"范围"设置为"xx 表达式应用"，"添加标头"不勾选"□"。

步骤三：继续添加【写入行】活动，在其属性中，将"杂项—文本"设置为表达式"xxdata.Rows(7)(1).ToString"［此表达式用于获取数据表中从目标索引值开始的第 8 行（行索引为 7）、第 2 列（列索引为 1）的单元格的值］。

步骤四：运行程序，查看输出结果，如图 4-34 所示。具体流程如图 4-35 所示。

图 4-34　运行结果输出

图 4-35　RPA 活动流程

3. 表达式实操提示

由于"读取范围"设置为"A3"，且未勾选"添加标头"。因此，A3 行次为第 1 行内容，其索引值为 0。读取的数据表"xxdata"，如图 4-36 所示。

	A	B
1		预算内常规付款申请
2	申请日期：2020-06-11	列索引
3	审批编码 0	20200611135900076 3297　1
4	申请人 1	叶广淮
5	申请部门 2	采购部
6	申请人职位 3	普通员工
7	付款公司 4	北京加旺电器有限公司
8	付款类型 5	加工费
9	付款方式 6	银行转账
10	收款人 7	北京成海喷塑加工有限公司 (7)　(1)
11	开户行　行索引	招商银行北京海淀支行
12	银行账号	11001010 4001305864392
13	付款总额（元）	200000
14	支付截止日期	2019-06-07
15	付款原因及说明	加工费
16	备注	

图 4-36　索引位置提示

4. 表达式实操拓展

在序列"xx 表达式应用"的流程基础上，对 data.Rows(7)(1).ToString 的索引号进行修改，或者修改"读取范围"，"添加标头"不勾选"□"，并查看其输出结果。

（二）【写入单元格】活动属性及其应用

1.【写入单元格】活动简介

【写入单元格】活动的作用是：将值或公式（一般为字符串格式）写入（粘贴）指定的单元格（或单元格范围）中。如果操作的工作表不存在，则系统会自动创建该工作表，要是对应单元格内有值，此值将会被覆盖，如图 4-37 所示。

图 4-37 【写入单元格】活动

2.【写入单元格】活动属性

【写入单元格】活动的主要属性及其功能，如表 4-22 所示。

表 4-22 【写入单元格】活动的主要属性及其功能

活动	属性	参数	功能	备注
【写入单元格】	目标	工作表名称	要写入数据的工作表名称	要写入的工作表（必填项）。如果工作表不存在，则系统会用"工作表名称"自动新建一个工作表
		范围	要写入的单元格或范围	目标单元格，写入的位置或范围（必填项），"A1"表示将值写入单元格 A1，"A1:D5"表示将值同时写入单元格 A1:D5（这里的":"为英文状态下的冒号）
	输入	值	要写入单元格或范围的值或公式	要写入的值，采用字符串格式（必填项）

3.【写入单元格】活动实操

（1）操作描述

读取明细表中的相关内容，并将其写入汇总主表。

（2）RPA 设计

具体的 RPA 设计步骤，如表 4-23 所示。

写入单元格信息

表 4-23 RPA 设计步骤

序号	步骤	活动	注意事项
1	打开明细表	【Excel 应用程序范围】	需在英文状态双引号内输入工作簿的完整路径
2	读取表中的内容	【读取范围】	确定"读取范围"，创建新的变量来获取读取值
3	打开汇总表	【Excel 应用程序范围】	通过 🗀 按钮选择文件路径
4	写入主表信息	【写入单元格】	用读取索引值的表达式写入相关内容

（3）RPA 操作

步骤一：新建一个名为"xx 写入单元格"的序列，添加【Excel 应用程序范围】活动，在【Excel 应用程序范围】活动内，选择 Excel 文件"预算内常规付款申请 1.xlsx"的路径。

步骤二：在【Excel应用程序范围】活动的"执行"中，添加【读取范围】活动，将"输入—工作表名称"设置为字符串"Sheet1"，"范围"设置为字符串"A3"，"数据表"设置为新创建的变量"xxdata"，"变量类型"设置为数据表"DataTable"，"范围"设置为"xx表达式应用"，"添加标头"不勾选"□"。

步骤三：跳出【Excel应用程序范围】活动，在流程的最外层添加【Excel应用程序范围】活动，选择Excel文件"付款申请汇总主表.xlsx"的路径。

步骤四：继续添加【写入单元格】活动，将"目标—工作表"设置为字符串"Sheet1"，"范围"设置为字符串"A2"，"值"设置为表达式"xxdata.Rows(8)(1).ToString"。

图4-38　运行结果输出

步骤五：运行程序，查看付款申请汇总主表运行后的结果，如图4-38所示。具体流程如图4-39所示。

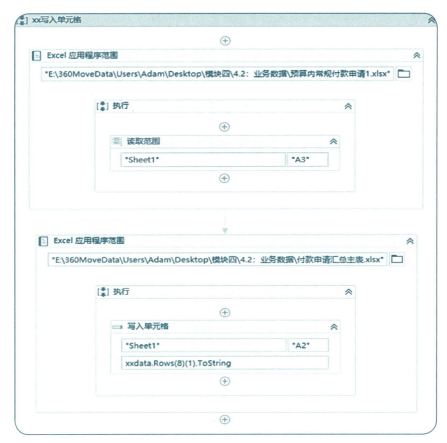

图4-39　RPA活动流程

4.【写入单元格】实操拓展

在序列"xx写入单元格"上一步流程的基础上，把【写入单元格】的属性"范围"更改为"A2:D5"，随后查看运行结果。

5.【写入单元格】知识拓展

【写入范围】与【写入单元格】这两个活动都可以用于向目标工作簿的工作表中写入数据，它们之间的区别如表 4-24、如图 4-40 所示。

图 4-40 【写入范围】与【写入单元格】活动

表 4-24 【写入范围】与【写入单元格】活动的比较

项目	【写入范围】	【写入单元格】
工作簿路径	要写入目标工作簿的路径	
工作表	要写入目标工作表的名称	
范围	起始单元格位置	写入单元格的位置或写入的范围
写入内容	数据表	值（字符串）

（三）【构建数据表】活动属性及其应用

1.【构建数据表】活动属性

【构建数据表】活动是根据指定架构在系统内创建一个数据表，此时需要创建变量来存储该数据表的内容，以便流程中的其他环节使用。其属性及注意事项如图 4-41 所示。所构建的数据表以变量形式存储于系统内部，不会展示在人机交互界面。如果需要写入 Excel 工作簿，则需使用【写入范围】、【附加范围】等活动。

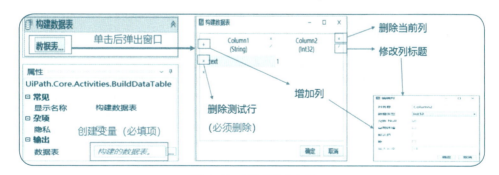

图 4-41 属性及注意事项

2.【构建数据表】活动实操

（1）操作描述

用 UiPath 为相关活动构建数据表，并查看数据表中的相关数据。

构建存储数据表

（2）RPA设计

具体的RPA设计步骤，如表4-25所示。

表4-25　RPA设计步骤

序号	步骤	活动	注意事项
1	构建数据表	【构建数据表】	在界面内完成数据表的相关设置

（3）RPA操作

步骤一：新建一个名为"xx构建数据表"的序列，添加【构建数据表】活动，在【构建数据表】活动界面，单击"数据表—构建数据表"界面第二行的"×"按钮（提示：删除测试行），然后单击"构建数据表"界面第一列、第二列的"×"按钮（提示：清空数据表），再单击"+"按钮进入"新列"界面，将"列名称"设置为"开户行"（提示：列名称为必填项），将"数据类型"设置为"String"后并单击"确定"按钮，以此完成新列的添加。采用类似方式再增加第2至第5列，剩余各"列名称"分别设置为"收款人""银行账号""付款总额""付款原因及说明"，最后单击"确定"按钮，完成【构建数据表】活动的设置，如图4-42所示。

图4-42　数据表设置

步骤二：单击【构建数据表】活动，将"输出—数据表"设置为新创建的变量"xxdata"，"变量类型"设置为数据表"DataTable"，"范围"设置为"xx添加数据行"。

步骤三：进入"调试"界面，多次单击 ↓ 进入按钮，进行分步调试，并查看左上角"本地"界面中变量"xxdata"的值，如图4-43所示。

图 4-43　运行结果查看

（四）【添加数据行】活动属性及其应用

1.【添加数据行】活动简介

【添加数据行】活动的作用是，将数据行添加至指定的数据表中，如图 4-44 所示。

图 4-44　【添加数据行】活动

2.【添加数据行】活动属性

【添加数据行】活动的主要属性及其功能，如表 4-26 所示。

表 4-26　【添加数据行】活动的主要属性及其功能

活动	属性	参数	功能	备注
【添加数据行】	输入	数据行	要添加到数据表的数据行对象，如果设置了此属性，则"数组行"属性将会被忽略	要向数据表中添加的数据内容，"数据行"类型和"数组行"类型 2 选 1，（在学习过程中通常使用"数组行"）
		数据表	要添加行的数据表对象	需要添加内容的目标数据表，且该数据表的变量类型为 DataTable（必填项）
		数组行	要添加到数据表的数组对象，每个对象的类型应映射到数据表中对应列的类型	要向数据表中添加的数据内容，数组中的元素类型与数据表中的列类型应保持一致

3.【添加数据行】活动实操

（1）操作描述

用 UiPath 为相关活动构建数据表并添加相应内容。

（2）RPA 设计

具体的 RPA 设计步骤，如表 4-27 所示。

添加数据行信息

表 4-27　RPA 设计步骤

序号	步骤	活动	注意事项
1	构建数据表	【构建数据表】	在界面内完成数据表的相关设置
2	写入数据表信息	【添加数据行】	数组行以 {} 表示相应内容

（3）RPA操作

步骤一：新建一个名为"xx添加数据行"的序列，添加【构建数据表】活动，在【构建数据表】活动界面，添加5列，各列"列名称"分别为"开启行""收款人""银行账号""付款总额""付款原因及说明"，并且将"数据类型"皆设置为"String"，以完成【构建数据表】活动的界面设置工作。

步骤二：单击【构建数据表】活动，将"输出—数据表"设置为新创建的变量"xxdata"，"变量类型"设置为数据表"DataTable"，"范围"设置为"xx添加数据行"。

步骤三：接着添加【添加数据行】活动，将"输入—数据表"设置为已创建的变量"xxdata"，"数组行"设置为数组 {"招商银行北京海淀支行","北京成海喷塑加工有限公司","110010104001305864392","200000","加工费"}（提示："{}"表示数组，数组之间的内容以英文逗号隔开），如图4-45所示。

图4-45　数组行设置

步骤四：继续添加【消息框】活动，将"输入—文本"设置为字符串"数据已添加"。

步骤五：进入"调试"界面，单击四次 ↓ 进入按钮，进行分步调试，并查看左上角"本地"界面中变量"xxdata"的值，如图4-46所示。具体流程如图4-47所示。

图4-46　运行结果查看

图 4-47　RAP 活动流程

4.【添加数据行】实操拓展

在序列"xx 添加数据行"流程的基础上，先在桌面新建一个 Excel 工作簿，然后尝试将数据表"xxdata"写入该工作簿。

二、RPA 处理单个表格

（一）业务场景分析

帮助小张开发一个"读写业务数据机器人(单表汇总)"工具。

任务：小张需要提取各付款申请表中的 5 项信息（开户行、收款人名称、银行账号、金额、付款原因），并依次将这些信息填入汇总主表，如图 4-48 所示。

图 4-48　相关工作表

（二）业务流程设计

单个付款申请的汇总方法为：由于 5 项信息所在的区域并不连续，所以无法一次性进行批量操作，只能逐一复制每个单元格中的信息。先打开 1 个预算内常规付款申请，再复制开户行，接着打开汇总表，将其粘贴至对应位置，后续其他信息的汇总以此类推，如表 4-28 所示。

表 4-28　人工步骤业务流程

步骤	人工动作	备注
Step1	打开"预算内常规付款申请"	付款申请所在位置（文件路径）
Step2	复制"开户行"	将"开户行"位置的内容复制到剪切板
Step3	打开"付款申请汇总主表"	汇总主表所在位置（文件路径）
Step4	粘贴内容	明确工作表名称，确定粘贴位置
Step5	重复 Step2~Step4，完成收款人名称、账号、金额等信息的读取和写入操作	

业务流程如图 4-49 所示。

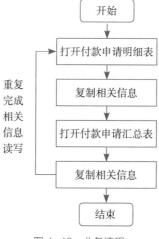

图 4-49　业务流程

（三）RPA流程设计

具体的RPA设计步骤，如表 4-29 所示。

表 4-29　RPA设计步骤

步骤	人工流程	RPA流程
Step1	打开"预算内常规付款申请"	使用【Excel 应用程序范围】活动打开明细表
Step2	复制"开户行""收款人""银行账号""付款总额""付款原因"	使用【读取范围】活动获取相关信息
Step3	打开"付款申请汇总主表"	使用【Excel 应用程序范围】活动打开汇总表
Step4	粘贴 5 项相关内容	使用【写入单元格】活动将获取的相关信息填入指定单元格

（四）RPA流程开发

步骤一：新建一个名为"xx读写业务数据机器人（单表）"的序列，在序列中添加【Excel应用程序范围】活动，按文件路径选择"预算内常规付款申请1"。

步骤二：在【Excel应用程序范围】活动的"执行"中，添加【读取范围】活动，将"输入—工作表名称"设置为字符串"Sheet1"，"范围"设置为字符串"A3"，"数据表"设置为新创建的变量"xxdata"，"变量类型"设置为数据表"DataTable"，此变量及后续变量的"范围"皆设置为"xx读写业务数据机器人（单表）"，"添加标头"不勾选"□"。

步骤三：继续添加【多重分配】活动，单击【多重分配】活动中的"添加"按钮4次，添加5个分配操作，具体如下：将表达式"xxdata.Rows(8)(1).ToString"（提示：填到第一行等号的右边）分配（赋值）给新创建的变量"开户行"（提示：填到第一行等号的左边），将此变量的"变量类型"设置为字符串"String"，后续步骤以此类推，如图4-50所示（提示：用表达式DataTable.Rows(x)(y).ToString读取数据，并把相应的数据分别赋值给新变量"开户行""收款人""银行账号""付款总额""付款说明"）。各变量的设置情况，如图4-51所示。

图 4-50 【多重分配】活动设置

名称	变量类型	范围
xxdata	DataTable	xx读写业务数据机器人（单表）
开户行	String	xx读写业务数据机器人（单表）
收款人	String	xx读写业务数据机器人（单表）
银行账号	String	xx读写业务数据机器人（单表）
付款总额	String	xx读写业务数据机器人（单表）
付款说明	String	xx读写业务数据机器人（单表）

图 4-51 变量设置

步骤四：跳出【Excel应用程序范围】活动，在流程的最外层添加【Excel应用程序范围】活动，按文件路径选择"付款申请汇总主表"。

步骤五：在【Excel应用程序范围】活动的"执行"中，添加【写入单元格】活动，将"目标—工作表名称"设置为字符串"Sheet1"，"范围"设置为字符串"A2"，"值"设置为已创建的变量"开户行"。

步骤六：接着相继添加4个【写入单元格】活动，将"目标—工作表名称"皆设置为字符串"Sheet1"，"范围"分别设置为字符串"B2""C2""D2""E2"，"值"分别设置为已创建的变量"收款人""银行账号""付款总额""付款说明"。

步骤七：跳出【Excel应用程序范围】活动，在流程的最外层添加【消息框】活动，将"输入—文本"设置为字符串"恭喜xx，完成任务~~"。

步骤八：运行流程，并查看付款申请汇总主表的运行结果，如图4-52所示。具体流程如图4-53所示。

图 4-52　运行结果输出

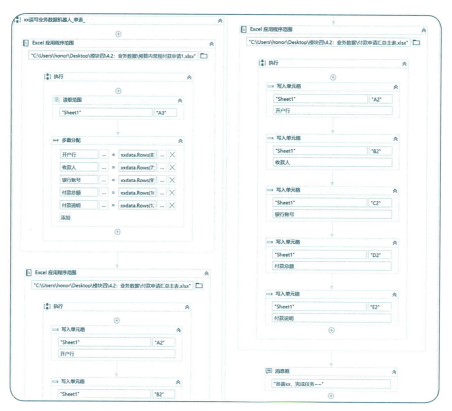

图 4-53　RPA 活动流程

三、RPA处理多个表格

（一）业务场景分析

帮助小张开发一个"读写业务数据机器人（多表汇总）"工具。小张已经将收到的6

份"预算内常规付款申请"和"付款申请汇总主表"全部存入文件夹"模块四\4.2:业务数据"中。

任务:小张需要将 6 份"预算内常规付款申请（1～6）"中的 5 项信息全部汇总到"付款申请汇总主表"。

（二）业务流程设计

多个付款申请的汇总方法为:首先,打开"预算内常规付款申请 1",复制目标值（开户行、收款人等 5 项信息）;然后,打开汇总主表,将刚复制的内容粘贴至对应位置,之后,依次打开"预算内常规付款申请（2～6）",分别复制各自对应的目标值（开户行、收款人等 5 项信息）;最后,打开汇总主表,依次将复制内容逐一粘贴至对应位置,如表 4-30 所示。具体流程如图 4-54 所示。

表 4-30　人工步骤业务流程

步骤	人工动作	提示
Step1	打开"预算内常规付款申请"	
Step2	复制"开户行"	
Step3	打开"付款申请汇总主表"	处理预算内常规付款申请 1.xlsx
Step4	粘贴内容	
Step5	重复 step2、step4	
Step1	打开"预算内常规付款申请"	
Step2	复制"开户行"	
Step3	打开"付款申请汇总主表"	处理预算内常规付款申请 2.xlsx
Step4	粘贴内容	
Step5	重复 step2、step4	
……		

具体业务流程如图 4-54 所示。

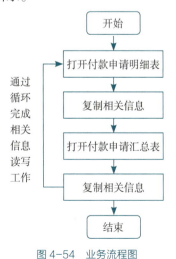

图 4-54　业务流程图

（三）RPA流程设计

具体的RPA流程设计，如表 4-31 所示。

表 4-31　RPA 设计步骤

步骤	人工流程	RPA 流程	属性设置
Step1	打开"预算内常规付款申请"	用【Excel 应用程序范围】活动打开相应表格	预算内常规付款申请表 1.xlsx
Step2	复制"开户行"	用【读取范围】活动读取相关信息	Sheet1，A3，Data，不勾选标头 开户行 =data.Rows(8)(1).ToString 收款人 =data.Rows(7)(1).ToString ……
Step3	打开"付款申请汇总主表"	用【Excel 应用程序范围】活动打开汇总表	付款申请汇总主表 .xlsx
Step4	粘贴内容	用【写入单元格】活动将读取的信息填入汇总表	Sheet1，A2，开户行 Sheet1，B2，收款人 ……
Step5	重复 Step2~Step4		
Step6	重复 Step1~Step5	重复执行以上活动	分别打开"预算内常规付款申请表 2～6"，并收集相关信息

通过观察可以发现，在汇总每个付款申请表时，所执行的动作都相同。我们可以让机器人循环执行对每一个付款申请表的动作，直至全部完成。因此，应将各个付款申请的文件路径设置为被遍历的对象（集合），同时将 Step1~Step4 的各活动设置为循环体。

在 Step4 中，单元格的行次与"汇总主表"本身已有的数据有关，即应当在已有数据行次的下一行开始写入数据，而且每循环一次，行次在原来的基础上就会增加一行。

（四）RPA流程开发

步骤一：创建一个名为"xx多表汇总机器人"的序列，在序列中添加【消息框】活动，将"输入—文本"设置为字符串"请xx选择付款申请汇总主表"。

多表格信息汇总

步骤二：接着添加【选择文件】活动，将"输出—选择的文件"设置为新创建的变量"xxfile_汇总主表"，"变量类型"设置为字符串"String"，并将此变量及后续变量"范围"皆设置为"xx多表汇总机器人"。

步骤三：继续添加【消息框】活动，将"输入—文本"设置为字符串"请xx选择预算内付款申请单所在的文件夹"。

步骤四：继续添加【选择文件夹】活动，将其属性"输出—选择的文件夹"设置为新创建的变量"xxfolder"，"变量类型"设置为字符串"String"。

步骤五：继续添加【分配】活动，将"杂项—值"设置为表达式"Directory.GetFiles(xxfolder,"*常规*")"（提示：运用表达式 Directory.GetFiles( )来筛选出文件夹（xxfolder）中含有"常规"两个字的文件），并将"杂项—受让人"设置为新创建的变量"xxfile_付款申请表"，此变量的"变量类型"设置为数组字符串"String[ ]"。

步骤六：继续添加【构建数据表】活动，将"输出—数据表"设置为新创建的变量"xxdata_数据表"，此变量的"变量类型"设置为数据表"DataTable"。在【构建数据表】活动界面中，按要求完成【构建数据表】活动的各项设置，如图4-55所示。

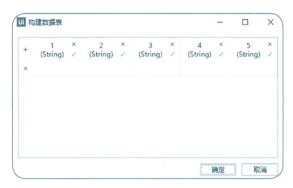

图 4-55 【构建数据表】活动设置

步骤七：继续添加【遍历循环】活动，将"杂项—值"设置为已创建的变量"xxfile_付款申请表"（提示：此变量值默认赋值给【遍历循环】活动自带的变量"item"）。

步骤八：在【遍历循环】活动的"正文"中，添加【Excel应用程序范围】活动，将"文件—工作簿路径"设置为变量表达式"item.ToString"（提示：Excel文件的路径仅读取字符串类型，需将变量"item"的数据类型转换为字符串）。

步骤九：在【Excel应用程序范围】活动的"执行"中，添加【读取范围】活动，将"输入—工作表名称"设置为字符串"Sheet1"，"范围"设置为字符串"A3"，"数据表"设置为新创建的变量"xxdata_付款申请表"，此变量的"变量类型"设置为数据表"DataTable"，"添加标头"不勾选"□"。

步骤十：继续添加【多重分配】活动，添加5个分配操作，具体如下：将表达式"xxdata.Rows(8)(1).ToString"（提示：填到第一行等号的右边）分配（赋值）给新创建的变量"开户行"（提示：填到第一行等号的左边），此变量的"变量类型"设置为字符串"String"，后续步骤以此类推，如图4-56所示。各变量的设置情况，如图4-57所示。

图 4-56 【多重分配】活动设置

名称	变量类型	范围
xxfile_汇总主表	String	xx多表汇总机器人
xxfolder	String	xx多表汇总机器人
xxfile_付款申请表	String[]	xx多表汇总机器人
xxdata_数据表	DataTable	xx多表汇总机器人
xxdata_付款申请表	DataTable	xx多表汇总机器人
付款说明	String	xx多表汇总机器人
付款总额	String	xx多表汇总机器人
银行账号	String	xx多表汇总机器人
收款人	String	xx多表汇总机器人
开户行	String	xx多表汇总机器人

图 4-57　各变量的设置情况

步骤十一：继续添加【添加数据行】活动，将"输入—数据表"设置为已创建的变量"xxdata_数据表"，"数组行"设置为数组"{开户行，收款人，银行账号，付款总额，付款说明}"。

步骤十二：跳出【遍历循环】活动，在程序的最外层添加【Excel应用程序范围】活动，将"文件—工作簿路径"设置为已创建的变量"xxfile_汇总主表"。

步骤十三：在【Excel应用程序范围】活动的"执行"中，添加【附加范围】活动，将"输入—工作表名称"设置为字符串"Sheet1"，"数据表"设置为已创建的变量"xxdata_数据表"。

步骤十四：跳出【Excel应用程序范围】活动，在程序的最外层继续添加【消息框】活动，将"输入—文本"设置为字符串"恭喜xx，全部完成，你真棒！！！"。

步骤十五：运行程序，查看付款申请汇总主表中的"Sheet1"，如图 4-58 所示。具体的RPA流程如图 4-59 所示。

	A	B	C	D	E
	开户行	收款人	银行账号	付款总额	付款原因及说明
	招商银行北京海淀支行	北京成海喷塑加工有限公司	1100101104001305864392	200000	加工费
	交通银行北京海淀支行	蓝水山	1100101104001384569715	2653	支付业务招待费
	交通银行广州天河支行	广州诚康商贸有限公司	4411101104001305868346	2250	支付货款
	工商银行北京海淀支行	北京红星贸易有限公司	1100193820489237748184	51500	支付货款
	交通银行北京海淀支行	北京爱辉伞业有限公司	1100086832901738356890	348831	支付货款
	交通银行广州天河支行	广州诚康商贸有限公司	4411101104001305868346	30000	支付货款

图 4-58　运行结果呈现

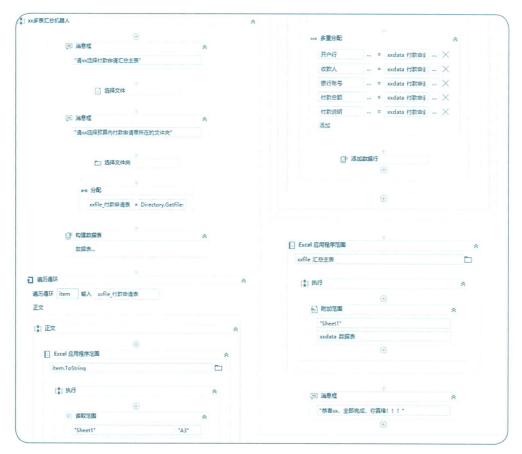

图 4-59　RPA 活动流程

（五）开发流程问题汇总

1. 数据格式错误

数据格式设置错误，例如，数据表中的数据格式不正确，如图 4-60 所示。

图 4-60　数据格式设置错误

解决方法：将【构建数据表】中"收款人"列的数据类型修改为"String"。

2. 数据赋值错误

无法从类型"System.Object"赋值到类型"System.String"，如图 4-61 所示。

解决方法：修改获取单元格值的数据类型，并将其转换为字符串类型，例如，data_付款申请.Rows(8)(1).ToString。

图 4-61　数据类型赋值错误

3.数据列数错误

当出现"输入数组长度大于此表中的列数"的情况时，则无法完成赋值，如图 4-62 所示。

图 4-62　列数设置过少错误

解决方法：需要添加数据表的列数，以满足列数要求，具体操作为，单击"构建数据表"界面里的"+"按钮，可以添加列。

4.引号使用错误

将变量数据强行加引号变为固定的字符串数据，使变量信息无法传递，失去其效果，在运行 RPA 流程后，亦无法提取所需的正确信息，如图 4-63 所示。

图 4-63　引号使用有误

解决方法：在【添加数据行】的内容中，开户行、收款人等为变量名称，无须加""（英文双引号），只要去掉""（英文双引号）即可，如图 4-64 所示。

图 4-64　设置正确变量类型

任务三　RPA编制账龄分析底稿

任务背景

经理：小张，你最近工作表现相当出色。费用汇总、付款申请汇总处理得又快又准确，是找到什么诀窍了吗？

小张：不愧是领导呀，什么都瞒不过您。我最近学习了RPA，针对这些业务专门开发了几个机器人，所以效率提高了很多……

经理：你真爱钻研，RPA对咱们工作还挺有用的。最近有个事，我想了好久也没找到办法，我说给你听听，你看看RPA可以搞定吗？小王每月汇总账龄分析底稿时，速度很慢，而且总出错。业务挺简单的，就是把近3年的往来科目余额表按照客户进行汇总，整合到同一张表格中。但是，这里涉及数据多，计算公式有些复杂，人工操作容易出错，来回检查也挺费时间的。

小张：嗯～～源数据是余额表，且格式都一样，照理说RPA应该可以搞定的，我来试试看吧。

经理：太好了，咱们旗下子公司挺多，客户、供应商都要分析账龄，RPA要是可以搞定，那效率该多高呀。

任务目标

根据上述场景描述，我们要完成以下任务：（1）掌握【删除范围】、【删除重复范围】、【对于每一个行】、【查找数据表】等活动的作用及使用方法；（2）根据特定的业务场景，梳理人工流程，并根据人工流程设计RPA流程；（3）开发完成"编制账龄分析底稿机器人"。

一、相关知识准备

（一）【删除范围】活动属性及其应用

1.【删除范围】活动简介

【删除范围】活动的作用是，删除指定工作簿中指定工作表里指定范围内的数据，如图 4-65 所示。

图 4-65　【删除范围】活动

2.【删除范围】活动属性

【删除范围】活动的主要属性及其功能，如表4-32所示。

表4-32 【删除范围】活动的主要属性及其功能

活动	属性	参数	功能	备注
【删除范围】	输入	范围	删除指定范围内所有重复的行	指定的数据范围，例如，"A1:E5""A1:A100"（必填项）
	选项	移动单元格	不选中该选项，操作时只删除单元格数据，并保持格式不变	默认值为不勾选，如果选中，将根据"移动"选项来移动单元格
		移动选项	设置如何移动单元格以填充已删除的范围的方法	有四个选项，向上移动："ShiftUp"，向左移动："ShiftLeft"，整行移动："EntireRow"，整列移动："EntireColumn"

3.【删除范围】活动实操

（1）操作描述

用UiPath打开相关工作表，读取2021年余额表中的相关信息，并将读取到的内容写入汇总底稿工作表，最终将汇总底稿工作表中的"客户名称"下的信息删除。

（2）RPA设计

删除工作表信息

具体的RPA设计步骤，如表4-33所示。

表4-33 RPA设计步骤

序号	步骤	活动	注意事项
1	打开工作表	【Excel应用程序范围】	需在英文状态双引号内输入工作簿的完整路径
2	读取表中内容	【读取范围】	确定"读取范围"；创建新的变量来获取读取值
3	写入相关内容	【写入范围】	选择已创建的存储数据变量
4	删除相关内容	【删除范围】	确定删除单元格的范围，以字符串形式输入

（3）RPA操作

步骤一：新建一个名为"xx删除范围"的序列，在序列中添加【Excel应用程序范围】活动，并按文件路径选择"模块四\4.3：业务数据.xlsx"。

步骤二：在【Excel应用程序范围】活动的"执行"中，添加【读取范围】活动，将"输入—工作表名称"设置为字符串"2021年余额表"，"范围"设置为字符串"A1:E5"，"数据表"设置为新创建的变量"xx余额表2021"，并将此变量的"变量类型"设置为数据表"DataTable"，变量的"范围"设置为"xx删除范围"，"添加标头"不勾选"□"。

步骤三：继续添加【写入范围】活动，将"工作表名称"设置为字符串"Sheet1"，"数据表"设置为已创建的变量"xx余额表2021"，"范围"设置为"A1"。

步骤四：继续添加【删除范围】活动，将"工作表名称"设置为字符串"Sheet1"，"范围"设置为"A2:A1000"。

步骤五：运行流程，查看"模块四\4.3：业务数据表.xlsx"的"Sheet1"中的内容，如图 4-66 所示。具体流程如图 4-67 所示。

	A	B	C	D	E
1	客户名称	年初余额	借方金额	贷方金额	年末余额
2		770754	1208658	725851.5	1253560
3		4000	18000	18000	4000
4		-2770	0	0	-2770
5		1500	0	0	1500
6		-880	0	0	-880
7	相关	113220	89700	82890	120030
8	信息	29970	207700	218390	19280
9	已删	-8000	0	0	-8000
10		259670	0	180000	79670
11		60000	0	0	60000
12		-1180	74840	77540	-3880
13		-910	0	0	-910
14		334140	0	0	334140
15		36000	0	0	36000
16		0	24370	23260	1110
17		450	0	0	450
18		-11050	0	0	-11050

Sheet1 | 2021年余额表 | 2022年余额表

图 4-66　运行结果呈现

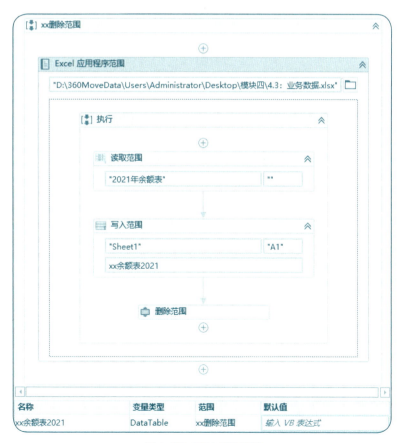

图 4-67　RPA 活动流程

4.【删除范围】实操提示

由于【删除范围】中的"范围"是一个区域，当我们知道起始单元格位置却难以确定结束单元格位置时，可以尝试在结束位置输入较大的值，以提高其适用性。例如，若要将除标题行之外的所有数据（即删除"A2"右下方所有的数据）都清空，则可以输入"A2:ZZ100000"；若要删除从B2开始的当前列的所有数据，就可以输入"B2:B100000"。

（二）【删除重复范围】活动属性及应用

1.【删除重复范围】活动简介

【删除重复范围】活动的作用是，删除指定工作表中指定范围内完全相同的数据，如图4-68所示。

图4-68 【删除重复范围】活动

2.【删除重复范围】活动属性

【删除重复范围】活动的主要属性及其功能，如表4-34所示。

表4-34 【删除重复范围】活动的主要属性及其功能

活动	属性	参数	功能	备注
【删除重复范围】	输入	工作表名称	工作簿中的工作表名称	指定的工作表，默认值为"Sheet1"，该字段仅支持字符串或字符串变量（必填项）
		范围	删除指定范围内所有重复的行	指定的数据范围，例如，"A1:E5""A1:A100"（必填项）

3.【删除重复范围】活动实操

（1）操作描述

用UiPath打开相关工作表，重复读取"2021年余额表"中的相关信息，并将读取到的内容写入汇总底稿工作表，最终将汇总底稿工作表中的"客户名称"下的重复信息删除。

删除重复信息

（2）RPA设计

具体的RPA设计步骤，如表4-35所示。

表 4-35　RPA 设计步骤

序号	步骤	活动	注意事项
1	打开工作表	【Excel 应用程序范围】	需在英文状态双引号内输入工作簿的完整路径
2	读取表中内容	【读取范围】	确定"读取范围";创建新的变量来获取读取值
3	在表尾写入相关内容	【附加范围】	选择已创建的存储数据变量
4	删除重复的相关内容	【删除重复范围】	确定删除重复单元格的范围,以字符串形式输入

（3）RPA 操作

步骤一：新建一个名为"xx 删除重复范围"的序列,在序列中添加【Excel 应用程序范围】活动,按文件路径选择"模块四\4.3:业务数据.xlsx"。

步骤二：在【Excel 应用程序范围】活动的"执行"中,添加【读取范围】活动,将"输入—工作表名称"设置为字符串"2021 年余额表","范围"设置为字符串"A1:E5","数据表"设置为新创建的变量"xx 余额表 2021",并将此变量的"变量类型"设置为数据表"DataTable",变量的"范围"设置为"xx 删除重复范围","添加标头"勾选上"☑"。

步骤三：接着添加【附加范围】活动,将"输入—工作表名称"设置为字符串"Sheet2","数据表"设置为已创建的变量"xx 余额表 2021"。

步骤四：继续添加【附加范围】活动,将"输入—工作表名称"设置为字符串"Sheet2","数据表"设置为已创建的变量"xx 余额表 2021"。

步骤五：继续添加【删除重复范围】活动,将"输入—工作表名称"设置为字符串"Sheet2","范围"设置为"A1:A100"。

步骤六：运行流程,查看"模块四\4.3:业务数据表.xlsx"的"Sheet2"中的内容,如图 4-69 所示。具体流程如图 4-70 所示。

	A	B	C	D	E
1	北京爱酷智能科技有限公司	770754	1208658	725851.5	1253560
2	深圳神州泰业科技发展有限公司	4000	18000	18000	4000
3	深圳众鸿天信息技术有限公司	-2770	0	0	-2770
4	深圳科蓝软件系统股份有限公司	1500	0	0	1500
5		770754	1208658	725851.5	1253560
6	已删除重复项	4000	18000	18000	4000
7		-2770	0	0	-2770
8		1500	0	0	1500

图 4-69　运行结果呈现

图 4-70 RPA 活动流程

（三）【对于每一个行】活动属性及其应用

1.【对于每一个行】活动简介

此活动的作用是，遍历数据表中每一行内容（提示：一次只遍历一行，遍历的结果为数据行，而非某一个元素，然后执行循环体中的活动），并将每一次循环后的值赋给系统自动创建的遍历对象变量"row"（提示：此变量也可按实际需要自行定义名称，遍历对象变量"row"为数据表"DataTable"数据类型），然后执行循环体正文中创建的活动，如图 4-71 所示。

图 4-71 【对于每一个行】活动

2.【对于每一个行】活动属性

【对于每一个行】活动的主要属性及其功能，如表 4-36 所示。

表 4-36 【对于每一个行】活动的主要属性及其功能

活动	属性	参数	功能	备注
【对于每一个行】	输入	数据表	需要遍历的对象	要为每一行执行一次操作的数据表对象［数据表 DataTable 类型的变量（必填项）］
	输出	索引	确定集合的初始索引值	集合中当前元素从零开始计算索引，初始默认值为"0"
	对于每一个行窗口界面	遍历循环	确定遍历的变量	本活动自动生成的变量"row"，即第 1 次循环时，其值为数据表第 1 行的内容；第 2 次循环时，其值为数据表第 2 行的内容，以此类推，直至数据表的最后一行
		正文	执行循环活动	循环体是需要循环执行的活动，其目的不同，活动也不同（必填项）

3.【对于每一个行】活动实操

（1）操作描述

用 UiPath 打开相关工作表，读取"2021 年余额表"中的相关信息，并将读取到的内容逐行输出。

读取表每行信息

（2）RPA 设计

具体的 RPA 设计步骤，如表 4-37 所示。

表 4-37 RPA 设计步骤

序号	步骤	活动	注意事项
1	打开工作表	【Excel 应用程序范围】	需在英文状态双引号内输入工作簿的完整路径
2	读取表中内容	【读取范围】	确定读取范围，创建新的变量来获取读取值
3	打开工作表	【对于每一行】	注意默认变量 row 的数据类型

（3）RPA 操作

步骤一：新建一个名为"xx 读取每一个行的数据"的序列，在序列中添加【Excel 应用程序范围】活动，按文件路径选择"模块四\4.3：业务数据 .xlsx"。

步骤二：在【Excel 应用程序范围】活动的"执行"中，添加【读取范围】活动，将"输入—工作表名称"设置为字符串"2021 年余额表"，"范围"设置为字符串"A1:E5"，"数据表"设置为新创建的变量"xx 余额表 2021"，并将此变量的"变量类型"设置为数据表"DataTable"，变量的"范围"设置为"xx 读取每一个行的数据"，"添加标头"勾选上"☑"。

步骤三：继续添加【对于每一个行】活动，将"输入—数据表"设置为已创建的变量"xx 余额表 2021"。

步骤四：进入"调试"界面，单击"进入"按钮，在分步调试完成后，查看左上角"本地"界面中变量"xx 余额表 2021"的值（如图 4-72 所示）和变量"row"时值的结果与变化情况（如图 4-73 所示）。具体流程如图 4-74 所示。

图 4-72 运行变量查看

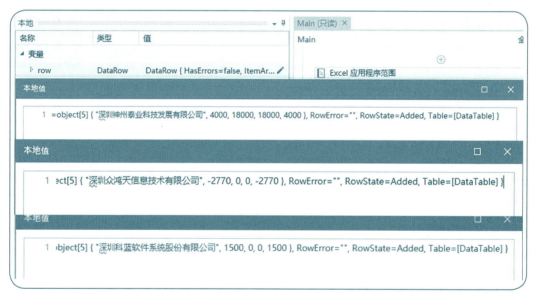

图 4-73 循环变量查看

图 4-74　RPA 活动流程

4.【对于每一个行】实操拓展

在"xx 读取每一个行的数据"序列流程的基础上,添加【日志消息】活动,并输入表达式,尝试输出客户名称、年初余额、借方金额、贷方金额、年末余额等信息。接着运行文件,在输出面板中查看运行结果。

5.【对于每一个行】知识拓展

(1)获取单元格值

我们已经学过表达式 DataTable.Rows(x)(y),其作用是从数据表中取出指定行索引与列索引位置的值。例如,基于【对于每一个行】活动实操 xx 余额表 2021.Rows(0)(0)输出的是"北京爱酷智能科技有限公司"。

单行数据获取信息,如图 4-75 所示。具体方法如下。

图 4-75　单行数据获取信息

方法一：row(0)。在数据行row中只有一行有效数据的情况下，"行索引"可以忽略，只需要"列索引"即可。

方法二：row("客户名称")。因为在【读取范围】中勾选了"添加标头"，变量"余额表2021"中是有标题行的，所以可以直接使用"标题名称"进行索引。（提示：有标题行且不存在重复标题名称时才可以使用此方法）

（2）【遍历循环】与【对于每一个行】活动的对比分析

【遍历循环】活动已在本章任务一中进行了介绍，【遍历循环】与【对于每一个行】这两个活动都可以执行循环操作，两者之间的区别如图4-76所示，如表4-38所示。

图4-76　【遍历循环】与【对于每一个行】活动

表4-38　【遍历循环】与【对于每一个行】活动对比分析

项目	【遍历循环】	【对于数据表中每一行】
输入	数组或列表（List）	数据表（DataTable）
循环变量	自动生成变量 (item) 变量值为数组或列表的 1 个元素	自动生成变量 (row) 变量值为数据表的其中一行
正文（循环体）	需要循环执行的活动	

（四）【查找数据表】活动属性及其应用

1.【查找数据表】活动简介

【查找数据表】活动的作用是，在数据表内指定的列中查找某个"值"。如果设置了目标列，则会返回目标列与行索引坐标处的单元格的值或行索引。如果未设置目标列，则单元格值为null（空值），如图4-77所示。

图4-77　【查找数据表】活动

2.【查找数据表】活动属性

【查找数据表】活动的主要属性设置及其功能，如表4-39所示。

表 4-39 【查找数据表】活动的主要属性设置及其功能

活动	属性	参数	功能	备注
【查找数据表】	查找列	列名称	要搜索的列名称（字符串类型）	查找列是作为需要查找的索引列，也就是其中进行查找的列名称或列索引（2选1）（必填项），只能从两者中设置一个查找列参数（注：列名称为 String 类型，列索引为 Int32 类型）
		列索引	要搜索的列索引（默认从整数0开始）	
	输入	数据表	要执行查找的数据表	要在其中进行查找的数据表（必填项）
		查找值	在指定的数据表中搜索的值	要查找的值，为 String 类型（必填项）
	输出	单元格值	在单元格中找到的值（输出值为字符串 String 类型）	在"行索引"属性中指定的行坐标和在"目标列"属性类别中指定的列坐标基础上创建变量，存储查找到的单元格的值或行索引（必填项，两者至少填一项）
		行索引	找到的单元格的行索引（输出整数 Int32 类型）	

3. 【查找数据表】活动实操

（1）操作描述

用 UiPath 打开相关工作表，读取"2021 年余额表"中的相关信息，如图 4-78 所示。

读取数据表信息

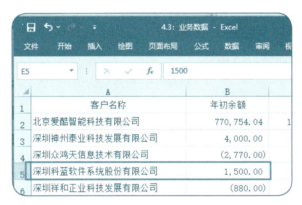

图 4-78 要读取的信息

（2）RPA 设计

具体的 RPA 设计步骤，如表 4-40 所示。

表 4-40 RPA 设计步骤

序号	步骤	活动	注意事项
1	打开工作表	【Excel 应用程序范围】	需在英文状态双引号内输入工作簿的完整路径
2	读取表中内容	【读取范围】	确定"读取范围"，创建新的变量来获取读取值
3	查找目标信息	【查找数据表】	查找列（索引列）与目标列（输出目标列）区分清楚
4	输出相关内容	【日志消息】	在输出栏查看输出信息

（3）RPA 操作

步骤一：新建一个名为"xx 查找数据表"的序列，在序列中添加【Excel 应用程序范围】活动，按文件路径选择"模块四\4.3：业务数据.xlsx"。

步骤二：在【Excel应用程序范围】活动的"执行"中，添加【读取范围】活动，将"输入—工作表名称"设置为字符串"2021年余额表"，"范围"设置为字符串""""（提示：""""代表读取全部内容），"数据表"设置为新创建的变量"xx余额表2021"，并将此变量的"变量类型"设置为数据表"DataTable"，此变量及后续的"范围"皆设置为"xx查找数据表"，"添加标头"勾选上"☑"。

步骤三：接着添加【查找数据表】活动，将"查找列—列名称"设置为字符串"客户名称"，"目标列—列名称"设置为字符串"年初余额"，"输入—数据表"设置为已创建的变量"xx余额表2021"，"输入—查找值"设置为变量字符串"深圳科蓝软件系统股份有限公司"，"输出—单元格值"设置为新创建的变量"xx年初2021"，变量的数据类型设置为任意数据类型"Object"，将"输出—行索引"设置为新创建的变量"xxrow_num"，并将变量的数据类型设置为任意数据类型"Int32"。

图4-79 运行结果输出

步骤四：继续添加【日志消息】活动，将"日志—消息"设置为已创建的变量"xx年初2021"。

步骤五：继续添加【日志消息】活动，将"日志—消息"设置为已创建的变量"xxrow_num"。

步骤六：运行程序，并查看流程输出结果，如图4-79所示。具体流程如图4-80所示。

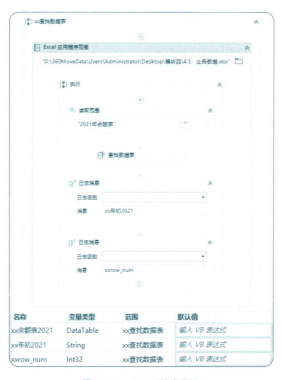

图4-80 RPA活动流程

二、RPA编制账龄分析底稿

（一）业务场景分析

帮助小张开发一个"编制账龄分析底稿机器人"工具。

资料情况：尽管 2021 年余额表、2022 年余额表的格式完全相同，然而其数据内容却并不相同。"汇总底稿"中包含同一客户在 2021 年及 2022 年的所有数据。

任务：小张需要在"汇总底稿"中，将 2021 年和 2022 年余额表中的同一客户的数据全部汇总在一行。

（二）业务流程设计

人工汇总方法：由于 2021 年、2022 年的客户名称与客户数量不同，行列的次序也无法一一对应，故无法直接进行复制和粘贴，可以按以下步骤进行操作。

（1）先汇总唯一的客户名称，并将其粘贴至"汇总底稿"。

（2）从"汇总底稿"的第一行客户名称开始，在"2021 年余额表""2022 年余额表"中进行查找，找到与之对应的数值并粘贴至"汇总底稿"的相应位置，如此循环往复，直至完成全部查找工作。

（3）将"2021 年余额表""2022 年余额表""2023 年余额表"的客户名称复制粘贴至"汇总底稿"，再使用 Excel 功能中的"数据—删除重复项"，保留唯一的客户名称。

（4）使用 Excel 函数"Vlookup"，在各余额表中逐一查找"汇总底稿"中的每个客户名称，并将该客户名称所对应的各列值引用于"汇总底稿"。

具体业务流程设计，如表 4-41 所示。

表 4-41　人工步骤业务流程

步骤	人工动作
Step1	打开"实验 4.3：业务数据"
Step2	复制"2021 年余额表"中的客户名称
Step3	粘贴至"汇总底稿"中的"客户"列
Step4	复制"2022 年余额表"的客户名称
Step5	粘贴至"汇总底稿"中的"客户"列
Step6	使用"删除重复项"，删除重复客户
Step7	在汇总底稿每一行的客户中，输入对应的公式，并获取对应值

具体业务流程，如图 4-81 所示。

图 4-81 业务流程

（三）RPA流程设计

具体的RPA设计流程，如表4-42所示。

表 4-42 RPA设计流程

步骤	人工操作	RPA流程
Step1	打开"实验4.3：业务数据"	【Excel应用程序范围】打开工作簿
Step2	复制"2021年余额表"中的客户名称	【读取范围】读取2021年余额表
Step3	粘贴至"汇总底稿"中的"客户"列	【附加范围】粘贴2021年数据
Step4	复制"2022年余额表"中的客户名称	【读取范围】读取2022年余额表
Step5	粘贴至"汇总底稿"中的"客户"列	【附加范围】粘贴2022年数据
Step6	使用"删除重复项"，删除重复客户	【删除范围】清除"客户"外的其他内容；【删除重复范围】删除重复的客户
Step7	在汇总底稿每一行的客户中，输入对应的公式，并获取对应值	【对于每一个行】对每一行客户进行【异常处理】、【查找数据表】操作，查找目标值，并处理异常数据
Step8	写入数据	【写入范围】将处理完成的数据写入Excel中

（四）RPA流程开发

步骤一：新建一个名为"xx账龄分析底稿"的序列，在序列中添加【消息框】活动，将"输入—文本"设置为字符串"请xx选择待处理的余额表数据"。

步骤二：接着添加【选择文件】活动，将"输出—选择的文件"设

编制账龄分析表

置为新创建的变量"xxfile"，变量的数据类型设置为字符串"String"，"范围"设置为
"xx 账龄分析底稿"。

步骤三：继续添加【Excel 应用程序范围】活动，将"文件—工作簿路径"设置为已
创建的变量"xxfile"。

步骤四：在【Excel 应用程序范围】活动的"执行"中，添加【读取范围】活动（提
示：可先打开 4.3：业务数据表，查看表中的内容，从而加深对流程的理解），将"输
入—工作表名称"设置为字符串"2021 年余额表"，"范围"设置为字符串"A1"，
"数据表"设置为新创建的变量"xx 余额表 2021"，变量的数据类型设置为字符串
"String"，此变量及后续变量"范围"皆设置为"xx 账龄分析底稿"，"选项—添加标头"
勾选上"☑"；

步骤五：继续添加【读取范围】活动，将"输入—工作表名称"设置为字符串
"2022 年余额表"，"范围"设置为字符串"A1"，"数据表"设置为新创建的变量"xx 余
额表 2022"，变量的数据类型设置为字符串"String"，"选项—添加标头"勾选上"☑"。

步骤六：继续添加【删除范围】活动，将"输入—工作表名称"设置为字符串"汇
总底稿"，"范围"设置为字符串"A2:ZZ10000"。

步骤七：继续添加【附加范围】活动，将"输入—工作表名称"设置为字符串"汇
总底稿"，"数据表"设置为已创建的变量"xx 余额表 2021"。

步骤八：继续添加【附加范围】活动，"输入—工作表名称"设置为字符串"汇总底
稿"，"数据表"设置为已创建的变量"xx 余额表 2022"。

步骤九：继续添加【删除范围】活动，将"输入—工作表名称"设置为字符串"汇
总底稿"，"范围"设置为字符串"B2:ZZ1000"。

步骤十：继续添加【删除重复范围】活动，将"输入—工作表名称"设置为字符串
"汇总底稿"，"范围"设置为字符串"A2:A1000"。

步骤十一：继续添加【读取范围】活动，将"输入—工作表名称"设置为字符串
"汇总底稿"，"范围"设置为字符串"A1"，"数据表"设置为新创建的变量"xx 汇总底
稿"，变量的数据类型设置为数据表"DataTable"，"选项—添加标头"勾选上"☑"。

步骤十二：继续添加【对于每一个行】活动，将"输入—数据表"设置为已创建的
变量"xx 汇总底稿"。

步骤十三：在【对于每一个行】活动的"正文"中，添加【查找数据表】活动，将
"查找列—列名称"设置为字符串"客户名称"，"目标列—列名称"设置为字符串"年
初余额"，"输入—数据表"设置为已创建的变量"xx 余额表 2021"，"输入—查找值"
设置为变量表达式"row(0).ToString"，"输出—单元格值"设置为新创建的变量"xx 年
初 2021"，变量的数据类型设置为任意数据类型"Object"。

步骤十四：继续添加【查找数据表】活动，将"查找列—列名称"设置为字符串
"客户名称"，"目标列—列名称"设置为字符串"借方金额"，"输入—数据表"设置为

已创建变量"xx余额表2021","输入—查找值"设置为变量表达式"row(0).ToString","输出—单元格值"设置为新创建的变量"xx借方2021",变量的数据类型设置为任意数据类型"Object"。

步骤十五：继续添加【查找数据表】活动，将"查找列—列名称"设置为字符串"客户名称","目标列—列名称"设置为字符串"贷方金额","输入—数据表"设置为已创建的变量"xx余额表2021","输入—查找值"设置为变量表达式"row(0).ToString","输出—单元格值"设置为新创建的变量"xx贷方2021",变量的数据类型设置为任意数据类型"Object"。

步骤十六：继续添加【查找数据表】活动，将"查找列—列名称"设置为字符串"客户名称","目标列—列名称"设置为字符串"年末余额","输入—数据表"设置为已创建的变量"xx余额表2021","输入—查找值"设置为变量表达式"row(0).ToString","输出—单元格值"设置为新创建的变量"xx年末2021",变量的数据类型设置为任意数据类型"Object"。

步骤十七：继续添加【查找数据表】活动，将"查找列—列名称"设置为字符串"客户名称","目标列—列名称"设置为字符串"借方金额","输入—数据表"设置为已创建的变量"xx余额表2022","输入—查找值"设置为变量表达式"row(0).ToString","输出—单元格值"设置为新创建的变量"xx借方2022",变量的数据类型设置为任意数据类型"Object","范围"设置为"xx账龄分析底稿"。

步骤十八：继续添加【查找数据表】活动，将"查找列—列名称"设置为字符串"客户名称","目标列—列名称"设置为字符串"贷方金额","输入—数据表"设置为已创建的变量"xx余额表2022","输入—查找值"设置为变量表达式"row(0).ToString",将"输出—单元格值"设置为新创建的变量"xx贷方2022",变量的数据类型设置为任意数据类型"Object"。

步骤十九：继续添加【查找数据表】活动，将"查找列—列名称"设置为字符串"客户名称","目标列—列名称"设置为字符串"年末余额","输入—数据表"设置为已创建的变量"xx余额表2022","输入—查找值"设置为变量表达式"row(0).ToString","输出—单元格值"设置为新创建的变量"xx年末2022",变量的数据类型设置为任意数据类型"Object",各变量类型设置情况如图4-82所示。

步骤二十：继续添加【多重分配】活

名称	变量类型	范围
xxfile	String	xx账龄分析底稿
xx汇总底稿	DataTable	xx账龄分析底稿
xx余额表2022	DataTable	xx账龄分析底稿
xx余额表2021	DataTable	xx账龄分析底稿
xx年初2021	Object	xx账龄分析底稿
xx借方2021	Object	xx账龄分析底稿
xx贷方2021	Object	xx账龄分析底稿
xx年末2021	Object	xx账龄分析底稿
xx借方2022	Object	xx账龄分析底稿
xx贷方2022	Object	xx账龄分析底稿
xx年末2022	Object	xx账龄分析底稿
创建变量		

图4-82　变量类型设置情况

动，单击【多重分配】活动中的"添加"按钮
6次，添加 7 个分配操作，具体如下：将已创
建的变量"xx 年初 2021"（提示：填到第一行
等号的右边）分配（赋值）给变量"row(1)"
（提示：填到第一行等号的左边）；将已创建的
变量"xx 借方 2021"（提示：填到第二行等号
的右边）分配（赋值）给变量"row(2)"（提
示：填到第二行等号的左边），后续步骤以此
类推，设置【多重分配】活动内容，如图 4-83
所示。

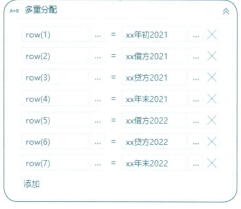

图 4-83　【多重分配】活动设置

步骤二十一：跳出【对于每一个行】活
动，在序列的最外层继续添加【Excel 应用程序范围】活动，将"文件—工作簿路径"
设置为已创建的变量"xxfile"。

步骤二十二：在【Excel 应用程序范围】活动的"执行"中，添加【写入范围】活
动，将"目标—工作表名称"设置为字符串"汇总底稿"，"起始单元"设置为字符串
"A1"，"输入—数据表"设置为已创建的变量"xx 汇总底稿"，"选项—添加标头"勾选
上"☑"。

步骤二十三：在序列的最外层继续添加【消息框】活动，将"输入—文本"设置为
"汇总完毕，xx 你真牛~!~"。

步骤二十四：运行程序，查看"模块四\4.3：业务数据 .xlsx"的"汇总底稿"表，同
时，查看"检验"表，检查运行结果是否正确（差额全部为 0），如图 4-84 所示。本程
序部分操作步骤，如图 4-85 所示。

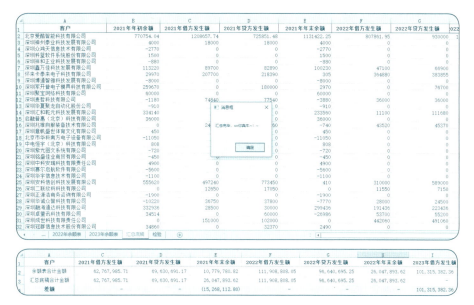

图 4-84　运行结果呈现

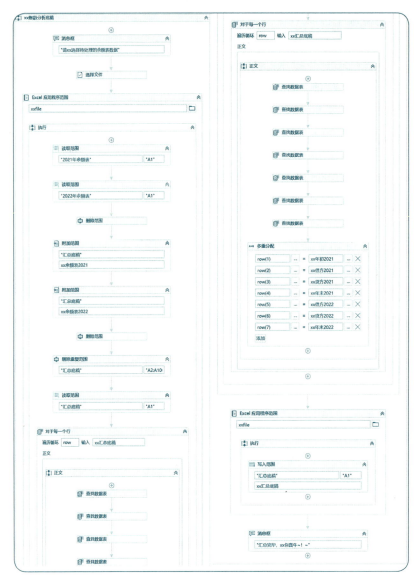

图 4-85　RPA 活动流程

模块总结

●【读取范围】的作用是读取（复制）表格数据，必须设置工作簿路径、工作表名称、范围、创建变量的属性，同时还要根据"范围"来决定是否勾选"添加标头"。

●【写入范围】的作用是写入（粘贴）已读取的表格数据，必须设置工作簿路径、工作表名称、写入的起始位置、写入的内容（数据表变量）。

●【附加范围】的作用与【写入范围】相同，但无须指定写入的位置（直接写入至末尾），必须设置工作簿路径、工作表名称、写入的内容（数据表变量）。

●【选择文件】、【选择文件夹】用于获取文件或文件夹的路径，并展示人机交互界面。

●表达式 :Directory.GetFiles(value1,value2)的作用是获取文件夹中符合条件文件的路径，其结果为"String[ ]"类型。

●【遍历循环】的作用是遍历集合（或List）中的每一个元素，循环执行循环体中的活动。遍历的对象为集合（或List），遍历的结果为集合中某一个元素的值（自动创建变量item进行存储，该名称可以修改），循环体为要循环执行的活动。

●【写入单元格】的作用是写入（粘贴）值/公式，必须设置工作簿路径、工作表名称、写入的位置、写入的内容（字符串）。

●【写入范围】与【写入单元格】功能类似，但其写入的内容是数据表。

●【构建数据表】的作用是在系统中建立一个空表格，方便表格数据进行中转。如果要写入Excel工作簿，还应当配合【写入范围】、【附加范围】两个活动一起来使用。

●【添加数据行】的作用是向数据表中添加数据，本书添加的是数组行。

●表达式 : DataTable.Rows(x)(y).ToString 的作用是获取数据表中指定索引的数据，并将其转换为字符串格式。其中，行索引、列索引都是从 0 开始的。

●【删除范围】的作用是删除指定范围内的数据，必须设置工作簿路径、工作表名称、删除的范围。

●【删除重复范围】的作用是删除指定范围内完全相同的数据行。

●【对于每一个行】的作用是遍历数据表中的每一行内容，遍历的结果为数据行（非某一个元素），然后执行循环体中的活动。

●【查找数据表】的作用是在数据表内指定的列中查找相应"值"，并返回找到的单元格的行索引。

●在机器人的设计和开发过程中，要注意以下问题：

（1）对于经常变化的参数要设置变量，以增加机器人操作的灵活性。例如，工作簿的路径随着文件存储位置的变化而变化，那可以将其设置为变量。

（2）需要人工干涉的活动应放在流程前端。

（3）设置变量后，要注意变量的取值范围是否恰当。

（4）机器人执行完毕后，应弹出消息，提示全部工作已完成。

 **模块测试**

模块测试

学习导图

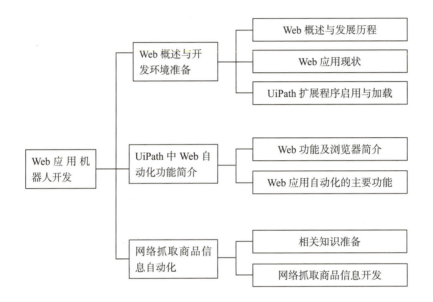

学习目标

知识目标

1. 了解 Web 应用的基本概念、发展历程及其与互联网之间的关系。

2. 掌握 Web 应用在商业金融、现代教育、社交娱乐、公共服务等领域的具体应用情形。

3. 熟悉 UiPath 扩展程序的启用方式与加载途径。

4. 理解 UiPath 中 Web 自动化的相关功能。

技能目标

1. 能够设置开发环境，并配置谷歌浏览器扩展程序。

2. 熟练运用 UiPath 的【打开浏览器】活动、"设计—录制—网页"工具以及数据抓取等功能来进行 Web 自动化操作。

3. 能够对开发过程中出现的诸如网页信息选择错误、流程报错等问题进行分析和处理。

4. 能够基于网络抓取商品信息自动化 RPA，初步实现流程改造与应用创新。

思政目标

1. 增强学生对信息技术前沿知识的了解，培养学生对核心素养的认可和追求。

2. 培养学生运用 RPA 财务机器人解决 Web 应用问题的综合素养。

3. 培养学生爱岗敬业的专业素养和勇于创新的职业精神。

Web 应用是基于 Web 技术所开发的应用程序，它通过互联网进行数据传输和交互，为用户提供丰富的功能和服务。Web 应用在运行过程中会产生海量且复杂的数据，这些数据大多需要经过处理才能被使用。在处理 Web 应用数据时，我们经常需要进行一系列的操作，比如输入信息、获取文本、抓取数据等。这些操作需要人工参与，且需耗费大量的时间和精力。为了提高工作效率和减轻工作负担，我们可以利用 RPA 来实现对 Web 应用的自动化处理。其中，UiPath 作为一款专业的机器人流程自动化工具，就可以帮助用户轻松地完成 Web 应用的各种任务。

在使用 UiPath 进行 Web 应用机器人自动化操作时，UiPath 的操作指令可以模拟人工操作，比如点击按钮、输入文本、选择选项等。除了操作元素外，UiPath 还可以帮助用户抓取 Web 应用中的数据。通过分析和提取 Web 页面的结构和内容，UiPath 可以自动抓取所需的数据，并将其保存到指定位置，快速获取 Web 应用中的商品信息、用户信息等，并展开进一步的处理和分析。

在实际应用中，通过 UiPath 进行 Web 应用机器人自动化可以带来诸多好处。首先，它可以提高工作效率，减少人工操作所需的时间和精力；其次，它可以降低错误率，避免人工操作过程中的疏忽和失误；此外，机器人流程自动化还可以实现任务的批量处理和实时执行，这进一步提升了工作效率。

任务一　Web 概述与开发环境准备

任务背景

小郭：姐，UiPath 在 Excel 中的应用真是太方便了，那 UiPath 还能做些什么呀？快跟我说说吧。

小张：RPA 在办公场景的应用范围可广了，小郭，你知道网络爬虫吗？

小郭：我听说过，这应该是通过编写程序从网页中获取信息吧？

小张：对的，小郭，UiPath 就可以爬取网页信息，还能将信息进行整理，以供决策者参考，你可以先去了解一下。

小郭：好的，姐。

任务目标

根据上述场景描述，我们要完成以下任务：（1）下载并安装谷歌浏览器；（2）设置开发环境，将谷歌浏览器当作开发网页，并进行谷歌浏览器扩展程序的配置操作。

一、Web概述与发展历程

（一）Web的基本概念

Web（World Wide Web，万维网）是一种构建于超文本（Hypertext）和HTTP（hyper text transfer protocol，超文本传输协议）之上的，具有全球性且支持动态交互的信息系统。

从技术层面来讲，Web由众多相互链接的超文本文件组成。这些超文本文件采用如HTML（HyperText Markup Language，超文本标记语言）等标记语言编写，通过在文本中嵌入超链接，用户就能轻松地从一个文档跳转到另一个相关文档，突破了传统文本阅读的线性模式，实现了信息的非线性浏览效果。

其核心运行机制是依赖于超文本传输协议（HTTP）。当用户在浏览器中输入一个网址URL（uniform resource locator，统一资源定位符）并按下回车键时，浏览器就会依据HTTP向对应的Web服务器发送请求，服务器接收到请求后，先对所请求的资源（如网页、图片、视频等）进行处理，然后再通过HTTP将处理后的资源以响应的形式发回给浏览器，浏览器进而对接收到的内容进行解析和呈现，最终将完整的网页等信息展示在用户面前。

Web还是一个信息共享与交互的平台。它使得世界各地的个人、组织以及企业均能够发布自身的信息。无论是通过个人博客分享生活中的点滴趣事，还是利用企业官网展示产品和服务，抑或学术机构发布科研成果等，皆可借助网络实现广泛传播。同时，用户也能通过各种应用和功能在Web上进行互动交流，如在社交媒体平台上发表观点、参与讨论，在电子商务平台上进行购物交易等。总之，Web已成为现代社会信息传播与交流不可或缺的关键基础设施。

（二）Web的发展历程

1.Web 1.0 时代（静态Web）

时间跨度大致是从Web诞生到21世纪初。这一时期的Web特点是以单向信息传递为主，网站内容主要由网站所有者或管理员发布，用户只能被动地浏览信息。大多数网页是静态的HTML页面，交互性有限。例如，早期的新闻网站、企业官方网站等，只是简单地展示信息，用户无法进行实时互动或个性化操作。

这个阶段对于信息的传播起到了重要作用，使得大量的信息能够在全球范围内广泛传播。企业开始利用Web展示产品和服务，以提升品牌知名度，但用户参与度相对较低。

2.Web 2.0 时代（互动式Web）

从21世纪初开始兴起，Web 2.0强调用户参与和互动。社交媒体平台、博客、维基百科等应用的出现标志着这一时代的到来。用户不再仅仅是信息的接收者，同时还是信息的创造者和传播者。例如，用户可以在社交平台上分享自己的生活点滴、观点和经验，并与其他用户进行互动交流。博客平台能让个人自由发表文章，吸引读者进行评论和分享，从而形成一种新型的信息传播和交流模式。维基百科则是依靠全球用户的共同协作编辑，构建了一个庞大的知识库。Web2.0 时代极大地推动了信息的共享和社交互动，还催生了许多新的商业模式，如基于用户生成内容的广告盈利模式等。

3.Web 3.0 时代（语义 Web 和智能 Web）

近年来，Web 3.0 逐渐崭露头角。它更加注重数据的语义理解和智能化处理，旨在让计算机能够更好地理解和处理 Web 上的信息，进而为用户提供更为个性化、智能化的服务。语义 Web 技术通过本体论和语义标注等方法，使得信息具有明确的语义，计算机可以更为准确地理解并处理这些信息。

例如，在智能搜索引擎中，通过语义理解能够更为准确地理解用户的查询意图，提供更为精准的搜索结果。同时，Web 3.0 还与区块链等技术相结合，强调用户对数据的所有权和控制权，促进更为公平和安全的网络环境建设。分布式应用，即去中心化应用（decentralized applications，DApps）在这一背景下逐渐发展起来，为用户提供了更为去中心化和安全的应用体验。

（三）Web 与互联网之间的关系

Web 是运行在互联网之上的一种服务形式。互联网是一个由全球范围内诸多计算机网络相互连接而成的庞大网络体系，它提供了数据传输的物理基础设施。而 Web 则是利用互联网的通信功能，构建了一个以超文本为核心的信息空间。我们可以把互联网看作信息传输的高速公路，而 Web 则是在这条高速公路上行驶的各种信息内容的载体，包括网页、图片、视频等。例如，当你通过浏览器访问一个网页时，数据会通过互联网从服务器传输到你的计算机上，然后浏览器再按照 Web 的规则将这些数据进行解析和显示。

二、Web 应用现状

（一）商业金融领域的应用

1.电子商务

Web 在电子商务领域的应用已经非常广泛。企业通过建立在线商店，将产品和服务在网站上展示，消费者可以随时随地通过网络进行购物。例如，一些大型电子商务平台，就提供了丰富多样的商品，用户可以方便地浏览商品详情、对比价格、查看评价等，并可进行在线支付和订单跟踪。电子商务的发展不仅改变了人们的购物方式，还促进了物流、支付等相关产业的发展。

企业利用 Web 进行精准营销，通过分析用户的浏览历史、购买行为等数据，为用户推荐个性化的商品和服务，以此提高销售转化率。同时，Web 技术也支持跨境电子商务，使得企业能够开拓全球市场，消费者可以购买来自世界各地的商品。

2.在线金融服务

银行业、证券业等金融机构也纷纷开展了在线服务。用户可以通过网上银行进行账户查询、转账汇款、理财购买等操作。证券交易也实现了网络化，投资者可以在在线交易平台上进行股票、基金等证券的买卖交易，并且可以实时查看行情和资讯。例如，许多银行推出了手机银行应用，方便用户随时随地进行金融操作，提高了金融服务的便捷性和效率。

随着互联网金融创新的不断涌现，P2P网贷、众筹等模式借助Web平台也得以发展起来。这些新兴的金融模式为中小企业和个人提供了更多的融资渠道，同时也为投资者提供了多样化的投资选择。不过，它们也带来了一些风险和监管方面的挑战，如信用风险、信息安全等问题，需要不断加强管理并加以规范。

3.企业信息化管理

企业借助Web技术可构建内部管理系统，如企业资源规划（ERP）系统、客户关系管理（CRM）系统等。经由Web界面，员工可以在不同地点、使用不同设备访问并操作这些系统，从而实现企业资源的整合和协同管理。例如，销售人员可以通过CRM系统记录客户信息、跟进销售机会，管理层则可以实时查看销售数据和业绩报表，并据此做出决策。

企业之间的供应链管理也通过Web实现了信息共享和协同运作。供应商、生产商、分销商等可以通过Web平台进行订单处理、库存管理、物流跟踪等操作，以提高供应链的效率和透明度，降低成本。

（二）现代教育领域的应用

1.在线教育平台

Web为教育开创了全新的模式，如Coursera、EdX、网易云课堂等在线教育平台大量涌现。这些平台提供了丰富的课程资源，涵盖了各个学科领域和技能培训的内容。学生在根据自己的兴趣和需求选择课程后，即可进行在线学习。例如，Coursera与全球多所知名高校合作，推出高质量的在线课程，学生可以通过网络学习到世界一流大学的课程内容，且不受地域和时间的限制。

在线教育平台还支持互动教学，通过视频直播、在线讨论、作业提交与批改等功能，实现师生之间的互动交流。教师可以在网上授课、答疑解惑，学生可以与教师和其他同学进行讨论，分享学习心得体会。这种模式不仅拓宽了教育资源的获取途径，还推动了教育公平化进程，为广大学习者提供了更多自我提升的机会。

2.教育管理信息化

学校和教育机构利用Web技术进行管理信息化建设工作。学生信息管理系统、教务管理系统等通过Web界面实现了学生信息的录入、查询、课程安排、成绩管理等功能。例如，学校管理人员可以通过教务管理系统便捷地进行课程排课、考试安排等相关工作，教师可以在网上录入学生成绩，学生则可以通过网络查询自己的课程表、成绩等信息。

教育科研机构也可借助Web平台进行资源共享和交流合作活动。科研人员可以在网上查阅学术文献、参加学术会议、与同行进行合作研究等，提高了教育科研的效率和水平。

（三）社交娱乐领域的应用

1.社交媒体

社交媒体已经成为人们日常生活中不可或缺的一部分。例如，微信、微博等社交媒体平台拥有庞大的用户群体。用户可以在这些平台上发布文字、图片、视频等内容，分享自己的生活、观点和情感，与朋友、家人甚至是陌生人进行互动交流。例如，用户可以通过微信朋友圈了解朋友最新的动态，进行点赞、评论等互动操作，还可以通过微信群进行群组聊天和信息分享。

社交媒体也成了企业和品牌进行营销推广的重要渠道。企业通过在社交媒体上发布广告、举办活动等方式，吸引用户关注，提升品牌的知名度和影响力。同时，社交媒体还催生了一些新的职业和商业模式，如社交媒体营销专员、网红经济等。

2.在线游戏

Web游戏是娱乐领域的重要组成部分。从简单的网页小游戏到大型多人在线角色扮演游戏（massively multiplayer online role-playing game，MMORPG），种类丰富。例如，一些休闲类的网页游戏可以直接在浏览器中运行，用户无须下载安装客户端，随时可以进行游戏娱乐活动。而大型的在线游戏则提供了更为丰富的游戏体验，玩家可以在虚拟世界中与其他玩家进行互动、合作、竞争。

随着Web技术的发展，云游戏逐渐兴起。云游戏将游戏运行在云端服务器上，用户只需通过网络连接，就可以在任何设备上流畅地玩游戏，无须依赖高性能的本地硬件设备。这进一步拓宽了游戏的受众群体范围和游戏体验的便捷性。

3.视频娱乐

在线视频平台如腾讯视频、爱奇艺、优酷、哔哩哔哩等为用户提供了海量的视频内容，包括电影、电视剧、综艺节目、短视频等。用户可以根据自己的喜好选择观看，随时随地享受视频娱乐。例如，爱奇艺通过自制剧和独家版权内容吸引了大量用户，用户可以通过订阅服务观看高质量的影视节目。

此外，视频直播在Web上也呈现出蓬勃发展的态势，涵盖了游戏直播、生活直播、电商直播等多个领域。主播可以通过直播平台与观众开展实时互动，观众则可以通过弹幕、礼物等方式参与互动。电商直播更是将购物与直播相结合，为消费者提供了一种全新的购物体验，主播通过展示商品、介绍使用方法等举措促进商品销售。

（四）公共服务领域的应用

1.电子政务

政府部门利用Web技术提供在线服务，实现政务信息化和数字化。公众可通过政府网站进行在线办事，如办理证件、申报税务、查询政策信息等。例如，一些地方政府推出了"一网通办"平台，将多个部门的政务服务事项整合到该平台，用户只需登录一个网站就可以办理多项业务，提高了办事效率，降低了办事成本。

此外，政府还可通过 Web 进行信息公开，发布政策法规、政府工作报告、财政预算等信息，增强政府工作的透明度和公信力。公众也可以在网上了解政府工作动态和决策过程，参与公共事务讨论和监督。

2.公共服务在线平台

医疗、交通、环保等公共服务领域也纷纷建立了在线平台。在医疗领域，患者可通过在线预约挂号系统提前预约医生，减少排队等待时间。一些医院还提供了在线诊疗服务，患者可通过视频与医生进行沟通，获取初步的诊断和治疗建议。在交通领域，交通管理部门通过 Web 发布实时交通信息，用户可通过手机应用或网站查询路况、规划出行路线。环保部门则利用 Web 平台发布环境监测数据并开展公众环保教育工作。

3.智慧城市建设

Web 技术是智慧城市建设的重要支撑。通过物联网、大数据、云计算等技术与 Web 的融合，实现城市各系统的互联互通和智能化管理。例如，智能交通系统依靠传感器和 Web 技术实时监测交通流量，优化交通信号灯控制，提高交通效率；智能能源管理系统可以实时监测能源消耗情况，并通过 Web 平台进行数据分析和管理，实现能源的合理利用；智能安防系统借助摄像头和网络连接，实现对城市安全的实时监控和预警。

Web 的发展和应用已深入各个领域，对社会经济、文化和生活产生了深远的影响。随着技术的不断进步，Web 将继续演进和创新，为人们带来更多的便利和机遇，同时也需要不断应对如信息安全、隐私保护等新的挑战。在财务机器人开发与应用中，了解 Web 的发展和应用现状对于更好地利用 Web 技术实现财务流程的自动化和智能化具有重要意义。

三、UiPath 扩展程序启用与加载

由于本模块 RPA 开发需要使用谷歌浏览器，因此，需要确保 UiPath 软件在执行程序前，已经在"工具"选项卡中安装了谷歌浏览器的加载项。

（一）启用 UiPath 扩展程序

打开 UiPath Studio，在"主页"左侧单击"工具"，选择"Chrome"图标，在弹出的提示框"你要允许此应用对你的设备进行修改吗？"中，选择"是"，接着在弹出"设置扩展程序"框后，单击"确定"按钮，如图 5-1 所示。

扩展包安装加载

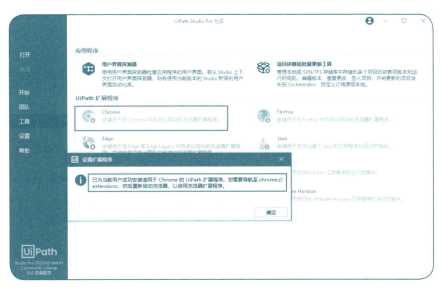

图 5-1　UiPath 的扩展程序安装

（二）加载浏览器扩展程序

打开 Chrome 浏览器，单击右上角自定义及控制按钮"："，选择"更多工具"，在
"扩展程序"下，单击 UiPath 扩展程序右下角的图标，将其设置为打开状态，并启动
UiPath Web Automation。（提示：其他浏览器的扩展程序位置可能不同，可以搜索"扩展
程序""扩展"等字样），如图 5-2、图 5-3 所示。

图 5-2　浏览器的扩展程序设置

图 5-3 UiPath 扩展程序添加

任务二 UiPath 中 Web 自动化功能简介

任务背景

小郭：姐，Web 自动化开发环境配置好了，是不是就可以开发 RPA 机器人了？

小张：别急，小郭，要完成网络上抓取商品信息的工作，我们还要多了解下 UiPath 中 Web 自动化中的各项功能，才能更好地开展相关工作。

小郭：好的，姐。

任务目标

根据上述场景描述，我们要完成以下任务：（1）了解 Web 的基本功能，包括信息展示与传播、信息获取与搜索、信息交互与协作、电子商务与交易、内容创作与发布等；（2）熟悉浏览器的基本介绍，包括页面解析与呈现、网络通信、用户交互、插件与扩展支持等；（3）掌握 UiPath 中 Web 应用自动化的主要功能，包括网页元素识别与操作、数据提取与处理、自动化流程设计与执行、与其他系统的集成。

一、Web 功能及浏览器简介

（一）Web 基本功能

Web 作为一个规模庞大的信息空间，可通过互联网进行访问，并允许用户进行浏览和展开交互。以下是关于 Web 的一些基本功能简介。

1.信息展示与传播

Web 是一个巨大的信息展示平台，它能以多种形式呈现内容，如文本、图像、音频、视频等。无论是新闻资讯、学术研究成果还是娱乐作品，都可通过网页展示给全球用户。它能突破地域方面的限制，让信息瞬间传遍世界各地，从而推动了不同文化、不同领域间的交流与融合。

2.信息获取与搜索

Web 是海量的信息资源库，涵盖各领域知识。用户借助搜索引擎，在输入关键词后，就能快速获取与之相关的网页、文章等资料。搜索引擎还提供了筛选、排序等功能，可按时间、相关性等条件精准地查找所需信息，以满足不同的需求，方便人们随时随地探索新知识。

3. 信息交互与协作

Web可为用户提供多样的交互方式，像表单填写、评论留言、在线投票等。同时，诸如微信、QQ等实时通信工具基于Web实现即时聊天功能，视频会议软件也让远程协作、教学变得更为便捷。此外，还有在线文档编辑工具如Google Docs、腾讯文档等，允许多人同时进行编辑工作，提高团队协作的效率；项目管理平台能助力团队规划任务、跟踪任务的进度等。

4. 电子商务与交易

Web的应用也催生了众多在线购物平台，如淘宝、京东等。消费者可以先浏览商品，在比较价格、查看商品评价后，在线购买所需商品，并且有多种支付方式，可保障交易安全便捷。同时，Web也推动了在线支付的发展，除在购物时进行支付外，还能进行转账汇款、缴纳水电费等金融相关操作，互联网金融服务也在不断创新中。

5. 内容创作与发布

随着Web应用的不断普及与发展，个人和企业均可轻松创建网站以展示自身。此外，Web上的用户生成内容（UGC）平台，如百度、知乎等，鼓励用户进行创作和分享。这些平台不仅丰富了Web的内容，同时也为用户提供了展示自我与发挥创造力的机会。

（二）浏览器基本介绍

浏览器是一种用于访问和显示网页以及其他网络资源的软件应用程序，是实现Web功能最为重要的载体。它作为用户与万维网（Web）之间的接口，能够理解和解释Web页面所使用的各种语言和协议，将服务器端的信息转换为用户可以直观理解和交互的内容。

浏览器在实现Web功能方面起着至关重要的作用，主要通过以下几个关键途径。

1. 页面解析与呈现

浏览器负责解析网页的HTML、CSS和JavaScript代码。当接收到服务器返回的HTML文档时，它会构建页面的结构，将各个标签元素组织成DOM树。例如，对于一个包含多个章节和段落的网页，浏览器会准确解析<h1>、<h2>等标题标签以及<p>段落标签，确定它们的层级关系。同时，浏览器还会解析CSS样式，为页面元素添加如字体、颜色、布局等样式属性，使页面呈现出精美的视觉效果。对于JavaScript代码，浏览器会执行其中的逻辑，实现页面的动态交互功能，比如表单验证、页面元素的动态显示与隐藏等。

2. 网络通信

浏览器是用户与Web服务器进行通信的桥梁。当用户输入网址或点击链接时，浏览器会向服务器发送HTTP请求，以获取相应的网页资源。它会处理请求的各种细节，包括设置请求头、携带必要的参数等。例如，在用户登录网站时，浏览器会将用户输入的用户名和密码等信息封装在请求中发送给服务器。服务器响应后，浏览器接收并解析响应数据，包括HTML页面、图片、脚本等资源，并将其正确地展示在用户界面上。同时，浏览器还会管理缓存，对于一些经常访问的资源进行缓存存储，以提高下次访问的速度，减少网络传输的数据量。

3.用户交互

浏览器为用户提供了丰富的交互界面和操作方式。用户可以通过鼠标点击、键盘输入、滚动页面等操作与网页进行互动。比如，在电商网站上，用户可以通过鼠标点击商品图片查看详情，在搜索框中输入关键词查找商品，通过键盘输入填写收货地址等信息。浏览器会实时响应这些操作，触发相应的事件处理程序，更新页面内容或执行其他相关操作。此外，浏览器还注重用户体验的优化，提供了诸如标签页管理、历史记录查看、书签收藏等功能，方便用户浏览和管理网页。

4.插件与扩展支持

浏览器支持各种插件和扩展，以拓展其功能。例如，Flash Player插件曾在网页视频播放等方面发挥着重要作用，而现在HTML5技术逐渐取代了它的部分功能。扩展则可为浏览器添加额外的特性，如广告拦截扩展可以帮助用户屏蔽网页上烦人的广告，提高浏览的舒适度；安全插件可以增强浏览器的安全性，检测并防范恶意网站和网络攻击。用户可以根据自己的需求选择和安装合适的插件与扩展，浏览器会对其进行有效的管理和运行，从而实现更加丰富和个性化的Web功能体验。

二、Web应用自动化的主要功能

UiPath的Web应用自动化功能可以让用户识别网页上的元素并对其进行操作，以此来实现自动化流程。这项技术可以应用于任何网站，并支持在网络环境中的多台机器上进行远程部署。

（一）网页元素识别与操作

1.精准的元素定位

UiPath提供了多种方式来识别网页元素，如通过元素的ID、名称、XPath、CSS选择器等，这为自动化流程的开发带来了很大的便利。例如，对于一个具有唯一ID的按钮元素，指定该ID后，UiPath就可以准确地定位到这个按钮，就像使用一把精准的钥匙打开特定的"元素之门"。XPath是一种在XML和HTML文档中定位节点的语言，它可以根据元素的层次结构、属性等来定位元素。在处理复杂的网页结构时，特别是在元素没有唯一标识符的情况下非常有用。

可以利用UiPath的元素探测工具，在录制或设计自动化流程时，自动识别并捕获网页元素的属性信息。这个工具就像一个敏锐的探测器，能够快速找到元素并记录下其关键特征，方便后续的自动化操作。

2. 多样化的元素操作

能够对定位到的网页元素进行多种操作。比如，模拟用户的点击操作，可用于点击按钮、链接等元素。又比如，在一个电商网站的自动化流程中，可以自动点击"加入购物车"按钮，就像有一个无形的手在执行操作，此外，还可以进行文本输入，向文本框中输入如用户名、密码、搜索关键词等内容。

支持对下拉式菜单、单选按钮、复选框等表单元素的操作。从下拉式菜单中选择指定选项，可以选中或取消选中复选框等，从而完成表单的自动填写和提交。例如，在一个在线调查问卷的自动化流程中，能够自动选择答案并提交问卷。

（二）数据提取与处理

1. 网页数据提取

UiPath 可以从网页中提取各种类型的数据，如文本、表格数据、图片链接等。对于文本数据，它可以提取网页中的段落、标题等内容。例如，从新闻网站提取新闻标题和正文内容，然后将这些数据用于后续的数据分析或报告生成。

在处理表格数据时，能够识别表格的结构，提取每一行和每一列的数据。比如，从财务报表网页中提取财务数据表格，将其中的收入、支出等数据提取出来，为财务分析提供原始数据。对于图片链接等其他数据，也可以有效地提取，以便做进一步处理，如下载图片或检查图片的有效性。

2. 数据清洗与转换

通过网页提取的数据可能包含噪声或不符合要求的格式，UiPath 提供了数据清洗功能。它可以去除数据中的空格、特殊字符等杂质。例如，在提取价格数据时，如果数据中包含货币符号和多余的空格，UiPath 可以对其进行清理，只保留数字部分，以便后续的数值计算。

UiPath 对提取的信息还能进行数据转换，如将文本类型的数据转换为数字类型，或者根据特定的规则对日期格式等进行转换。比如，将网页中以"MM/DD/YYYY"格式记录的日期转换为"YYYY - MM - DD"格式，使其符合数据分析系统的要求。

（三）自动化流程设计与执行

1. 可视化流程设计

UiPath 具有直观的可视化设计界面，允许用户通过拖拽和连接活动来构建 Web 应用自动化流程。这些活动就像一个个积木，每一个都代表着不同的操作步骤，如打开网页、定位元素、执行操作等。例如，用户可以轻松地将"打开浏览器"活动、"定位搜索框并输入关键词"活动、"点击搜索按钮"活动等连接起来，构成一个完整的搜索流程。

可以在设计界面中设置活动之间的顺序和条件，实现复杂的逻辑控制。比如，根据提取的数据是否满足某个条件来判定是否执行下一个活动，或者在出现错误时跳转到特定的错误处理流程。

2.高效的流程执行

UiPath能够高效地执行所设计的自动化流程，它可以在本地机器或远程服务器上运行流程，并且可以设置执行的时间、频率等参数。例如，可以将一个每天定时从特定网站提取数据的流程部署到服务器上，让它在每天凌晨自动运行，无须人工干预。

在执行过程中，UiPath会记录流程的执行状态和结果，包括成功执行的活动、出现的错误等信息。这使得用户可以方便地监控流程的运行情况，对出现的问题进行及时修复和优化。

（四）与其他系统的集成

1.信息数据交互

UiPath可以将从Web应用中提取的数据与其他系统进行交互。例如，将提取的客户订单数据发送到企业的ERP系统中，实现数据的共享和更新。它可以通过各种接口，如API（应用程序接口）、数据库连接等方式来传输数据。它还能从其他系统中获取数据，并将其作为参数用于Web应用自动化流程。比如，从客户关系管理（CRM）系统中获取客户名单和相关信息，然后在Web应用中自动进行客户信息查询和更新。

2.应用程序集成

除了数据交互外，UiPath还具备强大的与其他应用程序集成的能力。它可以与办公软件（如Microsoft Excel、Word）相结合，将Web数据整理成表格或文档形式。例如，通过UiPath，可以将从网页提取的销售数据自动填充到 Excel 表格中，利用Excel强大的功能进行进一步的数据分析和报表制作。

UiPath也可以与其他自动化工具或平台协作作业，构建更广泛的自动化生态系统。例如，与自动化测试工具集成，对Web应用进行自动化测试，同时可以结合Web应用自动化流程，实现从测试到业务流程自动化的无缝衔接。

任务三　网络抓取商品信息自动化

任务背景

经理：小郭，来趟我办公室。

小郭：经理，你找我吗？

经理：我这里有一个好消息和一个坏消息，不知你更想听哪一个呢？

小郭：经理，你就别卖关子了。

经理：哈哈，好吧，好消息是最近公司要采购一批华为手机作为福利发放给员工，坏消息是需要你去网上搜索整理相关信息，且信息要全面，好让大家做选择。

小郭：好的，经理，没问题。

任务目标

根据上述场景描述，我们要完成以下任务：（1）掌握【打开浏览器】活动、数据抓取等功能活动的作用及其使用方法；（2）掌握录制器、数据抓取操作步骤及其使用方法；（3）根据特定的业务场景，设计人工流程图，并开发RPA流程；（4）开发完成"网络抓取商品信息自动化机器人"。

一、相关知识准备

（一）【打开浏览器】活动属性及其应用

1.【打开浏览器】活动简介

【打开浏览器】活动的作用是，在指定的网址启动浏览器，并可在其中执行多种操作，如图 5-4 所示。

2.【打开浏览器】活动属性

【打开浏览器】活动的主要属性及其功能，如表 5-1 所示。

图 5-4　【打开浏览器】活动

表 5-1　【打开浏览器】活动的主要属性及其功能

活动	属性	参数	功能	备注
【打开浏览器】	输入	URL	要在指定浏览器中打开的网址（URL）	要放在英文状态下的引号中，例如输入百度网址："www.baidu.com"
		浏览器类型	要选择使用的浏览器类型，此处可用的选项如下：IE、Firefox、Chrome、Edge	建议选择谷歌浏览器（Chrome）
	输出	用户界面浏览器	活动结果为用户界面浏览器对象，该对象存储所有与浏览器会话有关的信息，且仅支持浏览器变量	
	选项	新会话	启动所选浏览器的新会话	非常用选项
		通信方式	选择通信方式，可用的选项有：原生、WebDriver	
		隐私	打开一个隐私 / 匿名会话	
		隐藏	打开隐藏的浏览器	

3.【打开浏览器】活动实操

（1）操作描述

用UiPath相关活动打开百度网页。

（2）RPA 设计

具体的RPA设计流程，如表 5-2 所示。

打开目标浏览器

表 5-2　RPA设计流程

序号	步骤	活动	注意事项
1	打开工作表	【打开浏览器】	在英文状态下双引号内输入相应网站完整的网址

（3）RPA 操作

（注：UiPath Studio 已启用Chrome扩展程序，谷歌浏览器已加载UiPath扩展程序。）

步骤一：新建一个名为"xx打开浏览器"的序列，在序列中添加【打开浏览器】活动，将"输入—URL"设置为字符串"www.baidu.com"，单击属性下"浏览器类型"中的 ▼ 按钮（下拉式菜单），选择"Chrome"（提示：选择谷歌浏览器）。

步骤二：运行程序，并查看运行结果，如图5-5所示，具体操作流程如图5-6所示。

图5-5　运行结果呈现

图5-6　RPA活动流程

（二）【设计—录制器】活动属性及其应用

1.录制器功能简介

录制器可用于业务流程自动化，它能够录制用户在软件中的操作动作和操作过程。无论是在桌面、网页还是在Citrix环境中，都可以一次性录制多个活动，并自动生成对应的UiPath流程序列。用户可以对这些项目进行修改和参数优化，以便在许多其他进程中根据需要重播和复用这些项目。录制器可帮助流程设计者节省大量设计自动化流程的时间，从而提高设计效率。录制器

图5-7　【设计—录制器】活动

包括基本录制器、桌面录制器、网页录制器、图像录制器和原生录制器五种类型，如图5-7所示。此外，使用网页录制器时，还会自动生成【附加浏览器】活动。

2.录制器属性介绍

【设计—录制器】活动的主要属性及其功能，如表5-3所示。

表 5-3 【设计—录制器】活动的主要属性及其功能

活动	属性参数	功能	备注
【设计—录制器】	基本	进入应用程序，生成一个简单的选取器 (快捷键 Ctrl+Alt+R)	录制完成时，会自动生成相应序列的活动
	桌面	为每个活动 (容器活动除外) 生成一个完整的选取器 (快捷键 Ctrl+Alt+B)	
	网页	设计用于在网页应用程序和浏览器中进行录制，默认生成容器活动并使用"模拟键入 / 单击"输入法 (快捷键 Ctrl+Alt+W)	
	图像	设计用于在 VNC、VM、Citrix 或 SAP 等虚拟环境中进行录制，它只允许图像、文本和键盘的自动化 (快捷键 Ctrl+Alt+l)	
	原生 Citrix	适用于通过 Citrix 技术实现虚拟化的桌面和应用程序 (快捷键 Ctrl+Alt+C)	
	计算机视觉	适用于自动生成使用"计算机视觉"活动的工作流 (快捷键 Ctrl+Alt+V)	

3.录制器活动实操

（1）操作描述

用 UiPath 相关活动打开国家税务总局网站，搜索"增值税一般纳税人登记"相关信息并进行查看。

录制器记录操作

（2）RPA 设计

具体的 RPA 设计流程，如表 5-4 所示。

表 5-4　RPA 设计流程

序号	步骤	活动	注意事项
1	打开工作表	【打开浏览器】	在英文状态下双引号中输入相应网站完整的网址
2	录制手工活动	【设计—录制】	完成"单击""搜索""查看"等操作

（3）RPA 操作

步骤一：新建一个名为"xx 税务信息搜索"的序列，在序列中添加【打开浏览器】活动，将"输入—URL"设置为字符串"www.chinatax.gov.cn"（国家税务总局官网），选择"Chrome"。

步骤二：运行程序，UiPath 会自动打开国家税务总局网站（提示：不要关闭或最小化窗口），接着通过桌面任务栏返回到 UiPath 程序的编辑界面，选择"网页"，在弹出的"网页录制"框中，单击"录制"按钮，随后开始录制操作流程。

步骤三：单击国家税务总局网页中的"纳税服务"模块，主网页会打开新的"纳税服务_国家税务总局"网页，在此网页中单击"办税指南"，如图 5-8 所示。

图 5-8　选择相应模块

步骤四：单击"纳税服务—国家税务总局"网页中的"搜索输入框"，在弹出的"输入所需值"对话框里输入"增值税一般纳税人登记"，按下回车键，完成关键字的输入，如图 5-9 所示。

图 5-9　设置关键字

步骤五：单击 🔍（搜索键）按钮，进入搜索结果输出界面，单击标题"增值税一般纳税人登记"，如图 5-10 所示，单击鼠标右键，即可结束录制。

图 5-10　搜索结果

步骤六：运行程序，并查看输出结果，如图 5-11 所示，具体操作流程如图 5-12 所示。

图 5-11　运行结果呈现

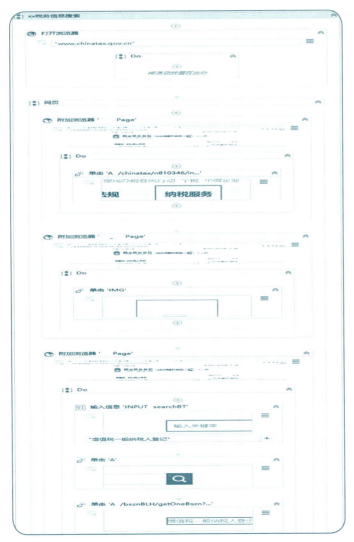

图 5-12　RPA 活动流程

（三）数据抓取功能介绍及其应用

1.数据抓取简介

数据抓取是指将浏览器、应用程序或文档中的结构化数据提取至数据表中（提示：先从浏览器网页中提取结构化数据，再把它转化成DataTable类型的数据）。结构化数据是一种特殊的信息类型，具有高度的组织性，并以可预测的模式呈现。例如，所有Google搜索结果都有相同的结构：顶部的链接、URL字符串以及网页描述。这种结构使UiPath Studio能够轻松地提取信息。因为Studio功能强大且设计智能，所以它始终能够清楚地知道可以在哪里找到所需的信息。

当调用数据抓取功能时，可以单击"设计"选项卡中的"数据抓取"按钮来打开抓取向导，如图5-13所示。（提示：建议在最新版本的谷歌上运行网页自动化。）

图5-13　数据抓取

2.数据抓取实操

（1）操作描述

用UiPath打开山东省教育厅官网，提取与之相关的最新政策文件，并保存到Excel文件中。

（2）RPA设计

具体的RPA设计流程，如表5-5所示。

网页内数据抓取

表5-5　RPA设计

序号	步骤	活动	注意事项
1	打开工作表	【打开浏览器】	需在英文状态双引号内输入工作簿的完整路径
2	读取表中内容	【数据抓取】	确定"读取范围"，创建新的变量来获取读取值
3	写入相关内容	【写入范围】	在工作簿中选择确定的写入位置，写入已创建的变量值

（3）RPA操作

步骤一：新建一个名为"xx打开浏览器"的序列，在序列中添加【打开浏览器】活动，将"输入—URL"设置为字符串"edu.shandong.gov.cn"（山东省教育厅官网），选择"Chrome"。

步骤二：运行流程，用机器人打开山东省教育厅官网首页（提示：不要关闭或最小化网页），返回UiPath编辑页面，在【打开浏览器】活动的"Do"中，添加【单击】活动（提示：从活动中选择"元素—鼠标—单击"），选中【单击】活动中的"指出浏览器中的元素"，此时系统会跳转到山东省教育厅官网首页，然后单击"最新文件"按钮，如图5-14所示，随后返回流程编辑页面。

图 5-14 【单击】活动操作

步骤三：再次运行流程，用机器人打开山东省教育厅官网最新政策文件网页（提示：不要关闭或最小化网页），返回 UiPath 编辑页面，单击序列最外层的空白处，在"设计"界面的快捷工具栏中单击"数据抓取"按钮，进入"提取向导"界面，如图5-15 所示。

图 5-15 选取元素

步骤四：在弹出的"提取向导（选择元素）"对话框界面，系统会提示用户选择提取的关键元素信息，单击"下一步"按钮，将鼠标指针移动到网页中的第 1 个政策文件处，此时会显示一个方框，在确认框选的内容为需要选择的目标元素后，单击此处，如图 5-16 所示。

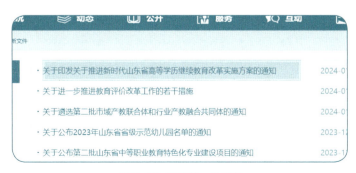

图 5-16 确定第一个元素

步骤五：在弹出的"提取表"对话框中，选择"否"按钮，如图 5-17 所示。

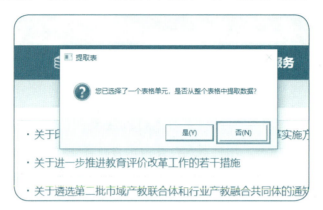

图 5-17　提取数据

步骤六：当再次弹出"提取向导（选择第二个元素）"对话框时，用户需要选择第二个元素，单击"下一步"按钮，如图 5-18 所示。（提示：通过提取的两个元素确定提取的数据表）

图 5-18　提取第二个元素

步骤七：将鼠标光标移动到网页中第 2 个政策文件处，在确认框选内容为需要选择的目标元素后，同样单击此处，如图 5-19 所示。

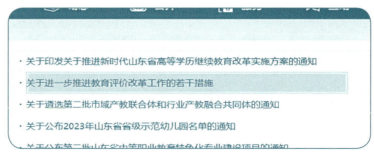

图 5-19　第二个元素提取位置

步骤八：在弹出的"提取向导（配置列）"对话框中，将"文本列名称"修改为"政策文件",先勾选"提取URL",然后单击"下一步"按钮,如图 5-20 所示。

图 5-20　配置列名称

步骤九:在弹出的"提取向导(预览数据)"对话框中,系统会提示用户预览已提取的数据,即完成了商品型号信息的提取工作,用户继续单击"提取相关数据"按钮,如图 5-21 所示。

图 5-21　提取信息预览

步骤十:将鼠标光标移动到网页中第 1 个政策文件的发布日期处(注:此处选择的日期与第 1 次选择的政策文件位置对应),在确认框选内容为需要选择的目标元素后,单击此处,如图 5-22 所示。

图 5-22 选择政策文件

步骤十一：在弹出的"提取向导（选择第二个元素）"对话框中，单击"下一步"按钮。

步骤十二：将鼠标光标移动到网页中第2个政策文件的发布日期处（注：此处选择的日期与第2次选择的政策文件位置对应），此时会显示一个方框，在确认框选内容为需要选择的目标元素后，单击此处。

步骤十三：在弹出的"提取向导（配置列）"对话框中，将"文本列名称"修改为"发布日期"，然后单击"下一步"按钮。

步骤十四：在弹出的"提取向导（预览数据）"对话框中，系统会提示用户预览已提取的数据，即完成了政策文件相关信息的提取工作，最后单击"完成"按钮即可，如图5-23所示。

图5-23　最终提取信息预览

步骤十五：系统再次弹出"指出下一个链接（数据是否跨多个页面）"对话框（注：此对话框的作用是用于询问网页是否翻页），将鼠标移动至商品搜索页面，并将鼠标移动至"下一页"处（如图5-24所示），单击"否"按钮。

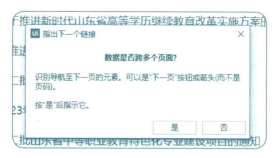

图 5-24　多页信息提取

步骤十六：此时系统返回到"设计"界面，单击【数据抓取】活动内的空白处，接着单击右下角的"变量"按钮，进入变量面板后可以发现，增加了变量"ExtractDataTable"，将该变量的"范围"更改为"xx 数据抓取"，如图 5-25 所示，变量"ExtractDataTable"是在数据抓取过程中，系统自动创建的数据表变量。

名称	变量类型	范围	默认值
ExtractDataTable	DataTable	xx数据抓取	New System.Data.DataTable
创建变量			

变量　参数　导入　　　　　　　　🖐 🔍 100% 🔽 ⤢ ⤢

图 5-25　变量设置

步骤十七：在流程的最外层添加【写入范围】活动，将"目标—工作表名称"设置为字符串"Sheet1"，"起始单元格"设置为字符串"A1"，"输入—工作簿路径"设置为字符串"数据抓取.xlsx"（注：流程自动新建以"数据抓取"为名称的 Excel 工作簿），"数据表"设置为数据抓取时已创建的数据表变量"ExtractDataTable"，"添加标头"勾选上"☑"。

步骤十八：关闭所有网页，运行完流程后，在设计界面左下方选择"项目"选项卡，单击 ↻ 按钮，显示"数据抓取.xlsx"文件（注：系统已经自动创建了 Excel 文件），打开"数据抓取.xlsx"文件，查看政策文件相关信息，如图 5-26 所示。具体设计流程如图 5-27 所示。

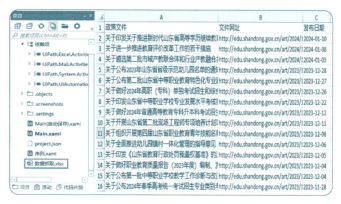

图 5-26　运行结果呈现

图 5-27 RPA 活动流程

二、网络抓取商品信息开发

（一）业务场景分析

帮助小郭开发一个"网络抓取商品信息自动化机器人"工具。

任务：小郭从京东商城网站搜索了华为手机相关信息，并将手机型号、价格和店铺相关信息（200 条）整理保存到 Excel 文件中。

（二）业务流程设计

网络抓取商品信息的步骤为：首先打开京东商城网站，接着搜索华为手机相关信息，然后将搜索到的手机型号、价格和店铺相关信息对应的复制到 Excel 文件中，此操作需重复 200 次。具体人工操作流程步骤如表 5-6 所示。

表 5-6　人工操作流程步骤

步骤	人工动作	备注
Step1	打开浏览器	打开京东商城网站
Step2	搜索"华为手机"	在搜索框内输入"华为手机"，并按回车键进行搜索
Step3	复制相关信息	分别将华为手机的型号、价格和店铺信息复制出来
Step4	粘贴内容	分别将复制的内容信息粘贴到对应的 Excel 文件中
Step5	重复 Step2~Step4，共计 200 次，完成商品信息的抓取和写入操作	

业务流程如图 5-28 所示。

图 5-28　业务流程

（三）RPA 流程设计

网络抓取商品信息自动化机器人 RPA 流程设计，如表 5-7 所示。

表 5-7　RPA流程设计

步骤	RPA活动	属性设置
Step1	【打开浏览器】	用谷歌浏览器打开京东商城网站
Step2	设计—录制—网页	模拟人工操作搜索"华为手机"信息
Step3	设计—数据抓取	提取相同类别数据信息
Step4	【Excel应用程序范围】	打开文件夹
Step5	【写入范围】	将抓取的数据写入Excel文件中

（四）RPA流程开发

（准备工作：首先使用个人账号登录京东商城，再进行流程开发。）

抓取各商品信息

步骤一：新建一个名为"xxWeb抓取商品信息"的序列，在序列中添加【打开浏览器】活动，在"输入—URL"中输入字符串"www.jd.com"，单击属性"输入—浏览器"中的 ▾ 按钮（下拉式菜单），选择"Chrome"，如图5-29所示。

步骤二：运行程序，在京东商城网页被打开（提示：不要关闭或最小化网页）后，返回UiPath程序编辑页面，在"设计"界面的快捷工具栏中，单击"录制"下拉按钮，在弹出的下拉式菜单中，选择"网页录制"选项即可进入网页录制状态，如图5-30所示。

图 5-29　浏览器设置

步骤三：在弹出来的"网页录制"工具栏中，单击"录制"按钮，当鼠标光标变成小手图标后，在京东商城搜索框上单击鼠标左键，打开"输入所需值"界面，在该界面输入框中输入"手机"，按下回车键，如图5-31所示。在鼠标指针变成小手图标后，单击网页中的"搜索"按钮 🔍，完成搜索后，网页会显示出商品信息的搜索结果。

图 5-30　开始录制

步骤四：在完成商品信息搜索后，按下"Esc"键，此时会再次弹出"网页录制"工具栏，单击 💾保存并退出 按钮，结束"网页录制"状态。

步骤五：返回UiPath程序编辑页面后可以发现，在【打开浏览器】活动后会自动添加一个"网页"序列，该序列包含【附加浏览器】活动，并且系统会自动在"输入信息'INPU Tkey'"框中填入"手机"关键字（提示：此处表示在浏览器中输入的搜索关键字为"手机"），如图5-32所示。

图 5-31　进行搜索值键入

步骤六：在【附加浏览器】活动上方添加【输入对话框】活动，在"输入—标签"中输入字符串"请xx输入想要采购询价的商品"，在"输入—标题"中输入字符串"输入商品"，在"输出—结果"中输入新创建的变量"SPMC"（商品名称的缩写），将变量类型设置为"String"，变量的范围设置为"xxWeb抓取商品信息"，并将【附加浏览器】"Do"框的"输入信息'INPUT key'"中的字符串"手机"替换为变量"SPMC"（提示：此活动是为实现操作人员采购询价不同商品的功能）。

步骤七：运行程序，在"输入框"中输入"手机"，检验自动搜索的效果。

步骤八：返回UiPath程序编辑页面，继续添加

图 5-32　相关录制活动生成

活动，单击"设计"界面快捷工具栏中的"数据抓取"按钮，进入"提取向导"界面。

步骤九：在弹出的"提取向导（选择元素）"对话框中，系统会提示用户选择提取的关键元素信息，单击"下一步"按钮，在将鼠标光标移动到网页中第1件商品的型号处后，单击此处，如图5-33所示。

图 5-33　相关信息提取

步骤十：在弹出的"提取向导（选择第二个元素）"对话框中，单击"下一步"按钮。

步骤十一：将鼠标光标移动到网页中第 2 件商品的型号处后，单击此处，如图 5-34 所示。

图 5-34　同类信息提取

步骤十二：在弹出的"提取向导（配置列）"对话框中，将"文本列名称"修改为"商品型号"，然后单击"下一步"按钮。

步骤十三：在弹出的"提取向导（预览数据）"对话框中，系统会提示用户预览已提取的数据，即完成了商品型号信息的提取工作，继续单击"提取相关数据"按钮。

步骤十四：将鼠标光标移动到网页中第 1 件商品的价格处（注：此处选择的商品价格与第 1 次选择的商品型号位置相对应）后，单击此处，如图 5-35 所示。

图 5-35　价格信息提取

步骤十五：在弹出的"提取向导（选择第二个元素）"对话框中，单击"下一步"按钮，如图 5-36 所示。

图 5-36　同类信息提取

步骤十六：将鼠标光标移动到网页中第 2 件商品的价格处（注：此处选择的商品价格与第 2 次选择的商品型号位置相对应）后单击。

步骤十七：在弹出的"提取向导（配置列）"对话框中，先将"文本列名称"修改为"商品价格"，然后单击"下一步"按钮。

步骤十八：在弹出"提取向导（预览数据）"对话框中，系统会提示用户预览已提取的数据，即完成了商品型号信息的提取工作，继续单击"提取相关数据"按钮。

步骤十九：将鼠标光标移动到网页中第 1 件商品的店铺名称处（注：此处选择的店铺名称与第 1 次选择的商品型号位置相对应），在确认框选内容为需要选择的目标元素后，单击此处，如图 5-37 所示。

图 5-37　店铺名称信息提取

步骤二十：在弹出的"提取向导（选择第二个元素）"对话框中，单击"下一步"按钮。

步骤二十一：将鼠标光标移动到网页中第2件商品的店铺名称处（注：此处选择的商品名称与第2次选择的商品型号位置相对应）后，单击此处，如图5-38所示。

图 5-38　同类型店铺信息提取

步骤二十二：在弹出的"提取向导（配置列）"对话框中，将"文本列名称"修改为"店铺名称"，然后单击"下一步"按钮。

步骤二十三：在弹出的"提取向导（预览数据）"对话框中，系统会提示用户预览已提取的数据，即完成了店铺名称信息的提取工作，此时可将"最大结果条数"修改为200条，最后单击"完成"按钮，如图5-39所示。

图 5-39　信息预览

步骤二十四：系统再次弹出"指出下一个链接（数据是否跨多个页面）"对话框，将

鼠标移动至商品搜索页面，滑动鼠标至
"下一页"处（如图 5-40 所示），然后单
击"是"按钮，接着在网页中找到"下
一页"按钮并单击。提示：在"指出下
一个链接（数据是否跨多个页面）"对话
框界面单击"是"按钮后，需在网页中
快速找到"下一页"按钮，系统限时 3

图 5-40 多页获取信息

秒，如果在 3 秒内没有找到，则可在键盘上按"F2"键，系统会再给予 3 秒钟时间，也
可多次按"F2"键，以争取更多的时间，直至在网页中找到并单击"下一页"按钮。

步骤二十五：系统返回到"设计"界面，选中【数据抓取】活动，单击右下角"变
量"按钮，进入变量面板后可以发现，增加了变量"ExtractDataTable"，将该变量的
"范围"修改为"xxWeb 抓取商品信息"，如图 5-41 所示。

图 5-41 变量设置

步骤二十六：运行流程，检验活动搜索的效果。在弹出的对话框中输入本次搜索的
商品名称"自行车"，当流程搜索"自行车"的相关商品信息时，网页并没有翻页，始
终停留在第 1 页；同时，工作流程会出现报错提示，错误活动会自动显示一个方框，且
工作流程无法自动结束运行，如图 5-42 所示。

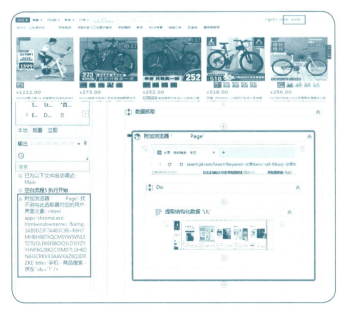

图 5-42 报错提示

步骤二十七：手动停止运行流程。在"调试"界面的快捷工具栏中，单击"停止"按钮，等待系统从"调试"界面返回到"设计"界面之后，再对工作流程进行修复。

步骤二十八：在"设计"界面中，单击【附加浏览器】活动右上角的☰图标按钮，在弹出的下拉式菜单中，单击选择"编辑选取器"，在弹出的"选取编辑器"对话框界面（注：当左上角的"验证"按钮显示为红色时，红色表示选定的目标内容不准确）中，单击"修复"按钮来对其进行修复，如图 5-43 所示。

图 5-43　数据修复

步骤二十九：系统会自动跳转到网页界面（注：搜索的网络页面不要最小化），此时整个网页会显示为暗影状态，同时网页周围会显示黄色边框，当屏幕上出现小手图标时，单击鼠标左键，系统会跳出提示信息"选取器已更新，以匹配活动元素"（如图5-44所示），在

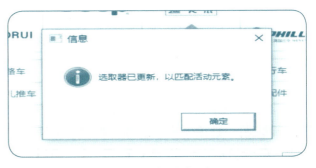

图 5-44　选取内容更新

单击"确定"按钮后，系统会自动跳转回"选取编辑器"对话框界面，此时界面左上角"验证"按钮会显示为绿色（注：绿色表示修复成功），同时在界面"编辑属性—title"中显示的信息会由"手机—商品搜索—京东"修改为"*—商品搜索—京东"，再次单击"确定"按钮后，如图5-45所示（注：此步骤的作用为实现自动翻页功能，可调试运行流程，检验RPA是否实现了自动翻页功能）。

图 5-45 适配选取的内容

步骤三十：继续添加【Excel应用程序范围】活动，将"文件—工作簿路径"设置为已创建的变量"SPMC"（注：流程自动新建以"SPMC"为名称的Excel工作簿）。

步骤三十一：在【Excel应用程序范围】活动的"执行"中，添加【写入范围】活动，将"目标—工作表"设置为字符串"Sheet1"，"起始单元格"设置为字符串"A1"，将"输入—数据表"设置为数据抓取时已创建的数据表变量"ExtractDataTable"，并将"添加标头"勾选上"☑"。

步骤三十二：关闭所有网页，继续运行流程，在弹出的对话框中输入本次拟采购的商品名称"华为手机"。系统会自动搜索"华为手机"的相关信息并翻页，同时还会自动弹出 Excel 表格（会在短时间内闪现）。在设计界面左下方选择"项目"选项卡，单击 ↻ 按钮，就会显示"华为手机.xlsx"文件（注：系统已经自动创建了 Excel 文件），打开"华为手机.xlsx"文件，

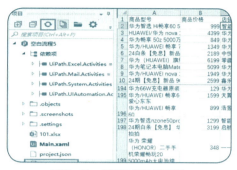

图 5-46　提取信息结果呈现

查看 200 条"华为手机"的相关商品信息，如图 5-46 所示。具体的流程设计步骤如图 5-47 和图 5-48 所示。

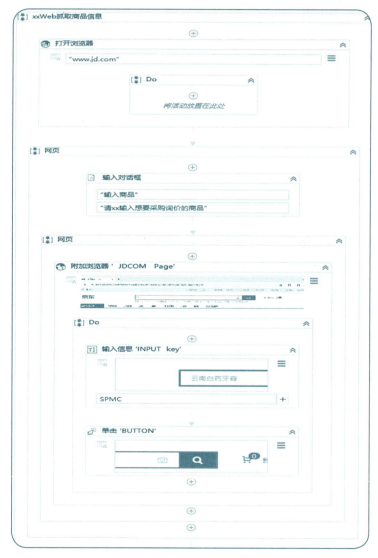

图 5-47　RPA 活动流程 1

图 5-48　RPA 活动流程 2

（五）实操问题

　　错误类型：网页信息选择错误，具体为选择方框范围有误，导致无法提取正确信息，如图 5-49 所示。

图 5-49　网页信息选取错误

解决方法：在选择商品价格范围时，要确认所选区域内是否包括人民币符号，本任务中需选择不包括人民币符号的价格信息。

 模块总结

● Web应用是基于Web技术开发的，通过互联网传输交互数据，为用户提供功能方面的服务。由超文本文件组成，核心运行机制依赖HTTP，经历了从静态Web（Web 1.0）到互动式Web（Web 2.0）再到语义Web和智能Web（Web 3.0）的发展历程。

● Web应用在商业金融、现代教育、社交娱乐、公共服务等领域都有广泛的应用。

● UiPath 基础支撑—扩展程序配置：在UiPath Studio中开启扩展程序并在 Chrome 中将其设为启用状态，是实现 Web 自动化的前提，其作用在于保障软件与浏览器能协同作业。

● UiPath 自动化核心功能—元素操作与数据处理：通过多种精准定位网页元素的方式与多样化操作手段相配合，实现网页交互自动化；凭借强大的数据提取、清洗与转换能力，可从网页精准采集多种类型的数据并优化其格式，为分析应用奠基。

● UiPath 自动化核心功能—流程构建与执行监控：借助可视化流程设计，以直观的拖拽连接活动构造自动化流程，在逻辑控制方面既灵活又精准；流程的高效执行可本地或远程部署，且能精准记录状态与结果，保障流程稳定运行。

● 开发实践技能要点—关键工具运用：【打开浏览器】活动可精准设置以启动浏览器并访问网页；"设计—录制—网页"工具依场景选合适录制器来捕获操作流程；数据抓取功能借助抓取向导依网页结构提取并保存数据，各工具相互协作从而推动开发流程的进展。

🏆 **模块测试**

模块测试

E-mail 应用机器人开发

学习导图

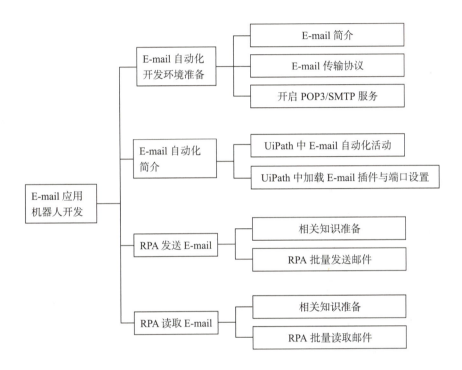

学习目标

知识目标

1.了解E-mail的基本概念、发展阶段、工作原理、优点特性、应用领域等基础知识。

2.掌握E-mail信息传输协议（SMTP、POP3、IMAP）的相关知识。

3.熟悉UiPath中E-mail自动化活动的主要类型（发送邮件、接收邮件、邮件处理）及其具体应用场景。

技能目标

1.能够开启SMTP、POP3传输协议，并获取授权码（以QQ邮箱为例）。

2.掌握在UiPath中加载E-mail插件与端口设置的方法。

3.熟练运用【发送SMTP邮件消息】、【获取POP3邮件消息】、【保存附件】等活动进行RPA发送和E-mail读取的操作。

4.能够根据特定业务场景，梳理人工流程，设计并开发RPA流程，实现批量发送邮件和批量读取邮件的机器人开发。

思政目标

1.培养学生良好的数据安全意识和工作流程标准化的职业素养。

2.培养学生爱岗敬业的专业素养和勇于创新的职业精神。

3.培养学生对新技术的学习热情和创新意识，以适应新时代的发展需求。

电子邮件（E-mail）是一种通过电子通信系统进行信息交换的通信方式，是互联网应用最广泛的一种服务。在基于互联网的电子邮件系统中，用户可以低廉的成本，快速地与世界上任何一个角落的网络用户取得联系。E-mail可以发送文字、图像、声音等多种形式的内容。常用的E-mail有Outlook、Exchange、Gmail、Hotmail、网易、新浪、QQ等。

随着社会的发展和"互联网＋会计"时代的到来，E-mail作为重要的人机交互途径，成为企业日常财务工作中，实现人与人之间、人与系统之间信息沟通的重要载体。企业的财务部门之间、财务部门与业务部门之间都离不开基于E-mail方式的多层级、多维度、复杂的信息沟通。然而，这种基于人工方式的E-mail信息沟通很难高效地实现工作协同。

在机器人流程自动化时代，E-mail的读取、下载和发送自动化已成为最重要的RPA应用之一。RPA将E-mail的读取、下载及发送进行自动化处理的特性可以在各种任务场景中大放异彩，帮助用户准确、及时、高效地处理E-mail的相关任务。通过E-mail自动化，可以为财务工作建立高效的人机交互界面，提高消息发送的时效性、指向性，并帮助用户节省时间，提高工作效率，从而解决复杂财务工作的高效协同问题。

任务一　E-mail自动化开发环境准备

任务背景

小郭：张姐，现在即时通信这么方便，公司的文件为什么不用微信、QQ传输呢？

小张：这你就不懂了，E-mail在文件沟通方面具有显著优势。比如，邮件能够长期保存，不会自行删除，可以发送大型文件，并且在保障企业信息安全方面颇具优势。

小郭：好的，张姐，我明白了，以后我会定时查看E-mail文件，提升信息传递效率。

任务目标

根据上述场景描述，我们要完成以下任务：（1）了解E-mail的基本概念、发展阶段、工作原理、优点特性、应用领域等基础知识；（2）了解E-mail信息传输协议（SMTP、POP3、IMAP）的相关知识；（3）能够开启SMTP、POP3传输协议，并获取授权码（以QQ邮箱为例）。

一、E-mail 简介

（一）E-mail 的基本概念

E-mail 是一种通过电子通信系统进行信息交换的通信方式。它允许用户在不同的计算机设备之间进行文本、图像、音频、视频等各类信息的发送与接收操作。E-mail 是互联网应用最广的服务类型之一。

E-mail 使得人们可以在任何时间、任何地点进行信息交换，这大大提高了信息交换效率，极大地方便了人与人之间的沟通与交流。主流邮箱如图 6-1 所示。E-mail 在政府、企业、教育等行业的各类应用环境中均有广泛运用，推动了社会的发展进程。在大量实际业务环境中，许多业务流程都是由接收 E-mail 或发送 E-mail 来触发的。

图 6-1 主流邮箱展示

（二）E-mail 的发展阶段

1. 早期起源

E-mail 的起源可以追溯到 20 世纪 60 年代末到 70 年代初。那时，计算机网络技术刚开始发展，一些研究机构和大学便尝试在计算机之间进行简单的信息交换。早期的 E-mail 系统功能非常简单，主要用于研究人员相互之间的学术交流。

2. 发展阶段

（1）ARPANET 时期

20 世纪 70 年代，ARPANET（美国国防部高级研究计划局网络）成了 E-mail 发展的重要平台。ARPANET 上的研究人员开始广泛使用 E-mail 来进行交流互动，并且不断完善 E-mail 的功能，如添加了邮件转发、回复等功能。

（2）商业化阶段

从 20 世纪 80 年代开始，随着计算机技术的普及和互联网的商业化，E-mail 逐渐走向大众，成为人们日常通信的重要方式之一。一些商业公司开始提供 E-mail 服务，如 CompuServe、AOL 等。这些商业 E-mail 服务提供了更为友好的用户界面和更多的功能，从而吸引了大量的用户。

（3）互联网时代

20 世纪 90 年代，随着互联网的飞速发展，E-mail 成了互联网上最为重要的应用之一。互联网的普及使得 E-mail 的用户数量呈指数级增长，同时也促使 E-mail 技术不断进行创新。例如，出现了基于Web的E-mail服务，用户可以通过浏览器直接访问和使用E-mail，不需要安装专门的邮件客户端软件。

（三）E-mail的工作原理

1.工作原理

电子邮件（E-mail）是因特网上使用最多的应用之一。其运作方式为：将邮件发送到收件人使用的邮件服务器，并放在收件人邮箱中，收件人可随时上网，登录自己使用的邮件服务器进行读取。

E-mail的发送过程涉及发送方与接收方，发送方构成客户端，而接收方则构成服务器。当用户撰写并发送一封电子邮件时，邮件客户端（如Outlook、Foxmail等）会将邮件内容按照特定的协议，如简单邮件传送协议（simple mail transfer protocol，SMTP），对邮件内容进行编码和封装，然后通过互联网将其发送到用户所使用的邮件服务器上。

邮件服务器根据收件人的地址信息，通过一系列的域名解析等操作，找到收件人所属的邮件服务器，并将邮件转发过去。收件人所在的邮件服务器在接收到邮件后，会将其存储在相应的邮箱账户中，等待收件人通过邮件客户端（如Outlook、Thunderbird等）按照邮局协议版本3（post office protocol 3，POP3）或互联网消息访问协议（internet message access protocol，IMAP）等协议进行接收和解码，最终在收件人的设备上显示出邮件的内容。

具体E-mail的收发流程如图6-2所示。

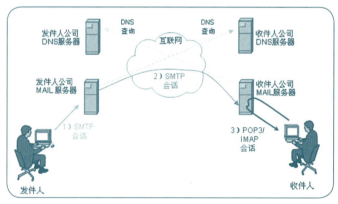

图6-2　E-mail的收发流程

2.发送形式

收发电子邮件存在两种形式：网页邮箱与客户端邮箱。网页邮箱是指通过网页来收发邮件。例如，在浏览器栏输入网址 https://email.163.com，随后就能登录网易邮箱进行邮件的收发操作。客户端邮箱是指使用IMAP/APOP/POP3/SMTP/ESMTP等协议收发电子邮件的软件，如Foxmail、Outlook等，使用客户端邮箱，可将信件收取到本地计算机上，即便离线后仍可继续阅读邮件信息。

3. 基本构成

电子邮件的基本组成部分通常包括以下内容。

发件人：发送邮件的用户。

收件人：接收邮件的用户。

主题：邮件的主题或标题，概述邮件的内容。

正文：邮件的主要内容。

附件：附在邮件中的文件。

抄送（CC）和密送（BCC）：这两种方式可将邮件发送给更多的人。其中，被抄送的收件人会被所有收件人看到，而被密送的收件人则对其他收件人不可见。

（四）E-mail 的优点与特性

电子邮件作为一种沟通工具，其拥有诸多优点与特性，主要包括以下几点。

1. 传输速度高效

电子邮件通常在数秒内即可送达至全球各地收件人的信箱。其传输速度比电话通信更为高效快捷。邮件可以快速地在网络中传输，通常在短时间内就能完成传输。与传统信件邮寄相比，这大大提高了信息传输速率。

2. 传输信息丰富多样

电子邮件可以包含文本、图片、视频等多种格式的内容。如办公文档（Word、Excel、PDF 等格式）、图片（JPEG、PNG 等格式）、音频（MP3 格式）、视频（MP4 格式）等，能满足不同场景下的信息交流需求。

3. 信息收发便捷

E-mail 采取的是异步工作方式，它在高速传输的同时不要求发送者和接收者同时在线，用户可以在方便的时候阅读和回复邮件，即收信人可以自由决定在什么时间、什么地点接收和回复。用户可以随时随地通过网络连接的设备发送和接收邮件，不受时间和空间的限制。

4. 收发成本低廉

发送电子邮件的成本通常非常低，用户仅需花费极少的市内电话费用，便可将重要的信息发送到远在地球另一端的用户手中。除了网络接入费用外，发送和接收 E-mail 几乎不需要额外的费用，不像传统信件需要支付邮费。

5. 交流对象广泛

同一个信件可以通过网络极快地发送给网上指定的一个或多个对象，甚至能用于召开网上会议，以便各方相互讨论。

尽管电子邮件带来了诸多便利，但也存在一些难题，如安全性问题、垃圾邮件泛滥现象以及信息管理和归档方面的问题。因此，用户在使用电子邮件时，需注意保护隐私和信息安全，确保沟通的有效性和安全性。

（五）E-mail的应用领域

电子邮件的应用领域非常广泛，几乎涵盖了各个领域和行业。常见的应用场景包括个人通信、商务办公、教育学术和营销推广等。

1.个人通信

在生活中，E-mail是一种重要的通信方式。人们使用E-mail与朋友、家人和同事进行日常交流，分享生活点滴、工作进展情况等。

2.商务办公

在商业领域，E-mail更是不可或缺的。企业内部使用E-mail进行沟通和协作，如发送工作安排、汇报工作进展情况、传递文件等。企业与外部客户、供应商等也主要通过E-mail进行商务往来，如发送订单信息、确认合同内容、处理客户投诉等。E-mail是企业内部沟通以及与外部合作伙伴沟通的关键手段。

3.教育学术

在教育领域，E-mail被广泛应用于师生之间的交流以及教学管理。教师可以通过E-mail给学生布置作业、发送学习资料、发布考试通知等，学生也可以通过E-mail向教师请教问题、提交作业等。学者、研究人员之间通过电子邮件交流学术成果、讨论研究课题、分享参考文献等，极大地推动了学术领域知识的传播和合作。

4.营销推广

企业或机构可以通过向目标客户群体发送电子邮件，来宣传产品或服务的特点、优惠活动等，从而进行营销推广活动。但在此过程中需注意遵守相关法律法规，避免发送垃圾邮件。

二、E-mail传输协议

（一）信息传输协议简介

使用UiPath软件进行自动收发邮件时，必须先开启电子邮件协议。在收发邮件的过程中，用户需要遵守相关的协议（如图6-3所示）。E-mail的发送和接收协议主要包括SMTP、POP3和IMAP这三种，并且这三种协议都是由TCP/IP协议族定义的。

E-mail的发送主要采用SMTP协议。SMTP是一种相对简单且基于文本的协议。它的主要作用是维护传输秩序、规定邮件服务器之间的工作流程。它的目标是可靠、高效地传送电子邮件。UiPath使用【发送SMTP邮件消息】活动发送邮件，并且可以指定多个邮件接收方。

图6-3 传输协议

E-mail的接收可以采用POP3或IMAP协议。POP3由RFC1939定义。该协议主要用于支持使用客户端对服务器上的电子邮件进行远程管理。不过，POP3并不提供强大的邮件存储管理功能，通常邮件下载后就会从服务器上被删除，而更多的管理功能则由IMAP来实现。UiPath使用【获取POP3邮件消息】活动接收邮件。IMAP使用的是因特网报文访问协议第4版本。邮件客户端使用该协议可以从邮件服务器上获取邮件的信息并下载邮件。它与POP3协议的主要区别是，用户无须下载所有的邮件，而是可以直接通过客户端对服务器上的邮件进行操作。UiPath使用【获取IMAP邮件消息】活动接收邮件，使用【移动MAP邮件消息】活动将IMAP电子邮件移动到指定的文件夹。

出于安全等因素的考量，绝大多数E-mail服务提供商在用户开通账户时，会默认关闭这些协议。RPA程序实际上就相当于一种客户端。为了能够使用RPA来发送和接收E-mail，就必须先开启这些协议。

（二）IMAP和POP

POP允许电子邮件客户端从服务器上下载邮件，但是用户在电子邮件客户端上的操作（如移动邮件、标记已读等）是不会反馈到服务器上的。例如，用户通过电子邮件客户端收取了邮箱中的邮件后并将其移动到其他文件夹，这些移动动作是不会反馈到服务器上的，也就是说，邮箱服务器上的这些邮件是没有同时被移动的。需要特别注意的是，第三方客户端通过POP收取邮件时，也有可能同步删除服务端的邮件。所以在第三方客户端设置POP时，请留意是否有保留邮件副本或备份相关选项。如有该选项，且要保留服务器上的邮件，请勾选该选项。

在IMAP协议下，电子邮件客户端的操作会反馈到服务器上，用户对邮件进行的操作，如移动邮件、标记已读、删除邮件等，服务器上的邮件也会做相应的动作。同时，IMAP可以只下载邮件的主题，只有当用户真正需要的时候，才会下载邮件的所有内容。

三、开启POP3/SMTP服务

（一）开启POP3/SMTP服务实操

以QQ邮箱为例，展示如何开启POP3/SMTP服务，其他邮箱服务商的开通方法基本与此类似。

获取邮箱授权码

步骤一：打开浏览器，在地址栏输入QQ邮箱首页网址 https://mail.qq.com/，随后在登录页面输入账号及密码，登录邮箱。

步骤二：成功登录后，单击页面上方"设置—账户"选项，并向下拖动界面至"POP3/IMAP/SMTP/Exchange/CardDAV/CaIDAV服务"所在的位置，然后单击"管理服务"按钮，如图6-4所示。

图 6-4 开启 POP3/SMTP 服务

步骤三: 选择POP3/SMTP服务后, 单击"开启", 接着单击"生成授权码"。此时会弹出如图 6-5 所示的窗口, 通过绑定的密保手机登录微信, 扫描该二维码, 并按要求编辑短信发送即可。

图 6-5　发送授权短信

步骤四: 在短信发送完毕后, 单击右下角的"我已发送"按钮, 随后就会弹出一个显示 16 位授权码的窗口, 将此授权码复制并保存到相应文件中, 以备后续使用, 如图 6-6 所示。

图 6-6　获取授权码

(二) 开启POP3/SMTP服务提示

授权码是给客户端使用的, 用户登录E-mail网站时仍然使用原用户密码。授权码是QQ邮箱登录第三方客户端/服务的专用密码, 适用于POP3/IMAP/SMTP/Exchange/CardDAV/CalDAV等服务。出于邮箱账户安全考虑, 不要将邮箱的授权码告知他人。若更改QQ账号密码, 则会致使授权码过期, 此时需要获取新的授权码才能登录。IMAP/SMTP服务协议的开启方法可参照POP3服务协议的开启流程。

任务二　E-mail自动化简介

任务背景

小郭：张姐，E-mail虽然使用方便，但是每天都要收发大量的E-mail，工作量也太大了，有没有提升工作效率的方法呢？

小张：有啊，就看你爱不爱学习了？

小郭：当然，张姐，毕竟活到老学到老嘛，尤其是在会计行业正处于大转型时期，必须加强自我学习，你说吧，需要学什么？

小张：没什么难的，还是用UiPath实现邮件的自动化收发。

小郭：明白了，我现在就学习去。

任务目标

根据上述场景描述，我们要完成以下任务：（1）熟悉UiPath中E-mail自动化活动的主要类型（如发送邮件、接收邮件、邮件处理）及其具体的应用场景；（2）掌握在UiPath中加载E-mail插件与端口设置的方法。

一、UiPath中E-mail自动化活动

在UiPath中，E-mail自动化活动具备一系列功能来实现与电子邮件相关的自动化操作。

（一）主要活动类型

1. 发送邮件活动

它用于从指定的邮箱账户向一个或多个收件人发送电子邮件。在此过程中，可以设置邮件的主题、正文内容，还能添加附件等。例如，在业务流程中，当某个任务完成后，就可自动发送邮件，并通知相关人员任务完成的情况及结果。通常需要配置发件人的邮箱账号、密码或授权码（视邮箱类型而定），以及收件人地址、抄送人地址（可选）等信息。

2. 接收邮件活动

它能够连接到指定的邮箱服务器，并从收件箱中获取邮件。它可以根据设定好的条件筛选邮件，比如只获取具有特定主题、来自特定发件人的邮件等。其可用于定期检查邮箱，自动提取新邮件中的关键信息并进行后续处理。比如，自动读取客户咨询邮件的内容，然后将相关信息录入客户管理系统中。

3. 邮件处理活动

这类活动包括对获取到的邮件进行解析、提取其中有价值信息的操作。比如，从邮件正文中提取订单号、客户姓名等特定字段的值，以便在后续业务流程中使用。同时，还可以对邮件进行标记、将其移动到不同文件夹等操作，实现对邮箱的自动化管理。又比如，将已处理的邮件自动移到"已处理"文件夹，将重要邮件标记为星标邮件等。

在UiPath Studio的活动面板中搜索"邮件"，就可以得到以上与邮件相关的活动，

如图 6-7 所示。

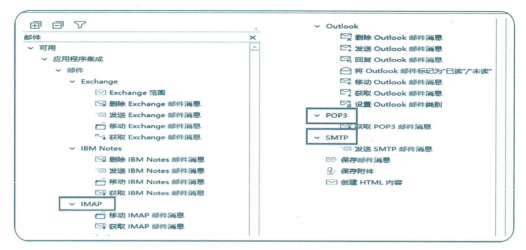

图 6-7　E-mail 相关活动

（二）具体应用场景

1.客户服务领域

E-mail 自动化可以自动接收客户咨询邮件，从中提取有问题的内容，根据问题类型自动将其分配给相应的客服人员，并发送邮件通知客服人员有新的任务需要处理。当客服人员回复客户后，又可自动发送邮件告知客户问题已处理完毕，从而提升客户服务的效率和满意度。

2.销售与市场推广

销售人员可以定期将销售业绩报告邮件发送给上级领导，通过自动化发送邮件活动，设定好发送周期（如每周一上午）、收件人等信息，无须手动操作。

在市场推广活动中，当有新的营销活动推出时，可自动向潜在客户列表发送宣传邮件，从而扩大活动的宣传范围。

3.企业内部流程自动化

在企业内部，如财务报销流程，当报销申请审批通过后，会自动发送邮件通知申请人报销款项已发放；或者在员工入职流程中，自动发送包含入职培训资料等信息的邮件给新员工。通过这些 E-mail 自动化活动，UiPath 能够帮助企业大大提高与电子邮件相关的业务处理效率，降低人工操作的烦琐程度和错误率。

（三）E-mail 自动化相关设置

E-mail 自动化涉及对邮件设置方面的操作。UiPath 提供的邮件设置包括发件人、收件人、邮件主题、邮件正文、发送时间等内容，其设置情况如表 6-1 所示。

表 6-1　邮件设置

属性	含义	功能
From	发件人	Mail.From.Address，返回发送方的邮箱地址
To	收件人	Mail.To，返回收件方的邮箱地址
Subject	邮件主题	Mail.Subject，返回邮件主题内容
Body	邮件正文	Mail.Body，返回邮件正文内容
Headers	发送时间	Mail.Headers（"Date"），返回邮件发送的年月日、星期几和时分秒

（四）E-mail 自动化相关活动

UiPath 提供了一系列支持 SMTP、POP3、IMAP 等电子邮件协议的活动，并且预置了服务 Outlook 邮件用户、Exchange 邮件用户和 IBM Lotus Notes 用户的专属活动。其中，主活动如表 6-2 所示，子活动如表 6-3 所示。

表 6-2　邮件主活动

类别	主活动	含义
邮件	SMTP	简单邮件传送协议，用于发送邮件
	POP3	邮局协议版本 3，用于接收邮件
	IMAP	Internet 邮件访问协议，用于接收邮件
	Outlook	微软公司电子邮件系统，主要服务个人用户
	Exchange	微软公司电子邮件系统，主要服务企业用户
	IBMNotes	IBM Lotus Notes 公司的电子邮件系统

表 6-3　邮件子活动

主活动	子活动	功能
SMTP	发送 SMTP 邮件消息	使用 SMTP 协议发送电子邮件
POP3	获取 POP3 邮件消息	在指定的服务器中检索 POP3 电子邮件
IMAP	获取 IMAP 邮件消息	在指定的服务器中检索 IMAP 电子邮件
	移动 IMAP 邮件消息	将 IMAP 电子邮件移动至指定的文件夹
Outlook	获取 Outlook 邮件消息	从 Outlook 检索电子邮件
	移动 Outlook 邮件消息	将 Outlook 电子邮件移动到指定的文件夹
	发送 Outlook 邮件消息	从 Outlook 发送电子邮件
	回复 Outlook 邮件消息	从 Outlook 回复电子邮件
	Outlook 邮件消息触发器	设置触发器，以监控符合特定条件的传入 / 传出邮件消息
	保存 Outlook 邮件	从 Outlook 保存电子邮件
	将 Outlook 邮件标记为"已读 / 未读"	将指定电子邮件消息标记为"已读 / 未读"
	设置 Outlook 邮件类别	关联邮件消息的类别
	删除 Outlook 邮件消息	从 Outlook 删除电子邮件

续表

主活动	子活动	功能
IBMNotes	获取 IBMNotes 邮件消息	从 IBMNotes 检索电子邮件
	删除 IBMNotes 邮件消息	删除 IBMNotes 电子邮件
	移动 IBMNotes 邮件消息	将 IBMNotes 电子邮件移动到指定的文件夹
	发送 IBMNotes 邮件消息	从 IBMNotes 发送电子邮件
Exchange	Exchange 范围	指定 Exchange 活动的作用范围
	获取 Exchange 邮件范围	从 Exchange 检索电子邮件
	删除 Exchange 邮件消息	删除 Exchange 电子邮件
	将消息移动到文件夹	将 Exchange 电子邮件移动到指定的文件夹
	发送 Exchange 邮件消息	从 Exchange 发送电子邮件
通用	保存邮件消息	将电子邮件保存到指定的文件夹
	保存附件	将邮件附件保存到指定的文件夹
	创建 HTML 内容	创建副文档（html 文档）并存储在电子邮件中作为网页分享使用

二、UiPath 中加载 E-mail 插件与端口设置

（一）在 UiPath 中预安装 E-mail 插件

单击快捷工具栏中的【管理程序包】后，在"所有包"中搜索"mail"，单击下载符号，安装 UiPath.Mail.Activities（邮件插件），如图 6-8 所示。

安装 E-mail 插件

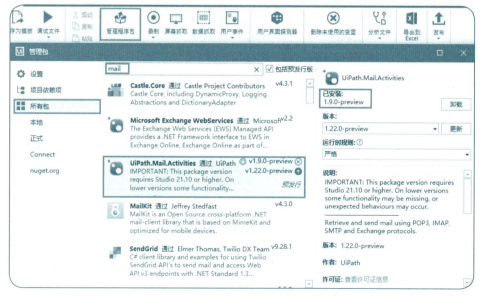

图 6-8　邮件插件安装

（二）在 UiPath 中已安装的 E-mail 插件

在活动项目区检索"mail"，如图 6-9 所示，若能搜索到，则表明插件已安装完成。

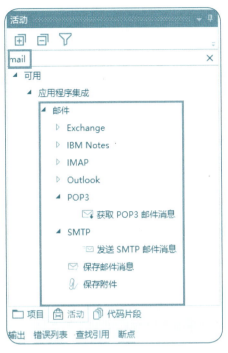

图 6-9　UiPath 中 E-mail 插件安装

（三）E-mail 服务商端口设置

1. 邮箱服务器设置

需要明确所使用邮箱的服务器地址（如 POP3 服务器地址、SMTP 服务器地址等），不同邮箱提供商的服务器地址各不相同，可以通过网上查询获取，使用 TCP 协议的常见端口主要有以下几种，如表 6-4 所示。

表 6-4　使用 TCP 协议的常见端口

邮件服务商	协议类型	协议功能	服务器地址	非 SSL 端口号	SSL 端口号
腾讯 QQ 邮箱	SMTP	发送邮件	Smtp.qq.com	25	465/587
	POP3	接收邮件	Pop.qq.com	110	995
	IMAP	接收邮件	Imap.qq.com	143	993
网易 163 邮箱	SMTP	发送邮件	Smtp.163.com	25	465/994
	POP3	接收邮件	Pop.163.com	110	995
	IMAP	接收邮件	Imap.163.com	143	993
谷歌 Gmail 邮箱	SMTP	发送邮件	Smtp.gmail.com	25	465
	POP3	接收邮件	Pop.gmail.com	110	995
	IMAP	接收邮件	Imap.gmail.com	143	993

2. 账号认证信息

账号认证需提供发件人的邮箱账号和与之对应的密码或授权码。授权码通常是在开启邮箱的第三方客户端授权功能时生成的，使用授权码而非密码能提高账号的安全性，可防止密码存在泄露风险。

任务三　RPA发送E-mail

任务背景

小郭：张姐，最近都没见您加班了，每天心情也好多了，是不是有什么好方法，能教教我吗？

小张：小郭，最近我开发了几个财务机器人，工作速度快了好多，自然不用加班了！你工作上有什么难处吗？

小郭：嗯，我工作中总是要发邮件，是不是也能开发一个机器人出来呀，让我的工作效率高一些……

小张：当然可以啦，我就以QQ邮箱为例，教你怎么用机器人来发邮件吧。

小郭：张姐，太感谢您了，我一定好好学……

任务目标

根据上述场景描述，我们要完成以下任务：（1）掌握【发送SMTP邮件消息】的作用及其使用方法；（2）根据特定的业务场景，梳理人工流程，再根据人工流程设计RPA流程；（3）开发完成一个"批量发送邮件的机器人"工具。

一、相关知识准备

（一）【发送SMTP邮件消息】活动属性及其应用

1.【发送SMTP邮件消息】活动简介

【发送SMTP邮件消息】活动的基本功能是，通过SMTP协议将邮件信息发送到指定的邮箱。SMTP是一种能提供可靠且有效的电子邮件传输的协议。其主要用于系统之间的邮件信息传递，并提供有关来信的通知。SMTP独立于特定的传输子系统，且只需要可靠有序的数据流信道支持。SMTP的重要特性之一是，能跨越网络传输邮件，即"SMTP邮件中继"。使用SMTP既可实现相同网络处理进程之间的邮件传输，也可通过中继器或网关实现某一处理进程与其他网络之间的邮件传输，如图 6-10 所示。

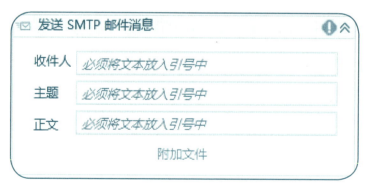

图 6-10　【发送 SMTP 邮件消息】活动

2.【发送SMTP邮件消息】活动属性

【发送SMTP邮件消息】活动的主要属性及其功能，如表 6-5 所示。

表 6-5 【发送SMTP邮件消息】活动的主要属性及其功能

活动	属性	参数	功能	备注
【发送 SMTP 邮件消息】	主机	服务器	设置电子邮件服务器地址	服务器的地址，如"smtp.qq.com"，字符串格式（必填项）
		端口	用于接收电子邮件消息的端口	邮件服务商的端口，Int32 类型（必填项）
	发件人	发件人	设置发件人的电子邮件地址	收件人的 E-mail，字符串格式（必填项）
		名称	显示发件人的名称	—
	常见	超时（毫秒）	指定最长等待时间（以毫秒为单位）	如果超出该时间网络流操作仍未运行，则会报错，默认值为 30000 毫秒（30 秒）
	收件人	密送	隐藏电子邮件消息收件人	—
		抄送	设置次要的电子邮件消息收件人	—
		目标	设置主要的电子邮件消息收件人	当有多个邮箱地址时，需用英文状态下分号";"隔开
	电子邮件	主题	设置电子邮件消息的主题	邮件的主题、正文，字符串格式（选填项）
		正文	设置电子邮件消息的正文	
	登录	密码	用于发送邮件消息的电子邮件账户密码	当使用 QQ 邮箱时，需填写 QQ 邮箱的 SMTP 服务协议授权码，字符串格式（必填项）
		电子邮件	用于发送邮件消息的电子邮件账户	字符串格式（必填项）
	转发	邮件消息	确认要转发的邮件消息，该字段仅支持邮件消息对象	—
	选项	正文是 Html	指定是否以 HTML 格式写入邮箱消息正文	默认为非勾选状态
	附件	附件	添加电子邮件消息的附件	2 选 1 填写（选填项）：单个附件的文件路径，可以添加多行，字符串格式 / 多个附件的文件路径，集合（字符串）格式
		附件集合	指定待附加的一组文件	

3.【发送SMTP邮件消息】活动实操

（1）操作描述

通过UiPath相关活动给自己发送一封电子邮件。

（2）RPA设计

具体的RPA设计流程，如表 6-6 所示。

发送 SMTP 邮件

表6-6　RPA设计流程

序号	步骤	RPA流程	注意事项
1	输入账号、密码，登录邮箱	运用【发送SMTP邮件消息】活动进行邮件相关信息的设置	密码为16位授权码
2	输入收件人账号、主题、正文		
3	点击"添加附件"选两个文件作为附件		发送的附件地址以集合（list）形式填入
4	发送		

（3）RPA操作

步骤一：新建一个名为"xx发送邮件"的序列，在序列中添加【发送SMTP邮件消息】活动。

步骤二：在【发送SMTP邮件消息】活动中，将"主机—服务器"设置为字符串"smtp.qq.com"，"端口"设置为数字类型"465"。

步骤三：在【发送SMTP邮件消息】活动中，将"收件人—目标"设置为需要发送对象的邮箱地址，该邮箱地址设置为字符串类型。

步骤四：在【发送SMTP邮件消息】活动中，将"电子邮件—主题"设置为字符串"202307资金收支计划表"，"正文"设置为字符串"这是由RPA发送的邮件"。

步骤五：在【发送SMTP邮件消息】活动中，将"登录—密码"设置为提前获取的个人邮箱16位授权码，此授权码设置为字符串类型，并将"登录—电子邮件"设置为个人邮箱地址，该邮箱地址为字符串类型，具体设置如图6-11所示。

步骤六：在【发送SMTP邮件消息】活动中，在"附件—附件"中单击…按钮，进入"附件"界面，复制将要发送文件的

图6-11　【发送SMTP邮件消息】活动设置

路径，以字符串形式填入"值"的位置，用相同的方式把其他文件也添加到"附件"界面，如图 6-12 所示。

图 6-12　文件路径值填入

步骤七：运行该程序，登录邮箱并查看收件信息，如图 6-13 所示。

图 6-13　运行结果呈现

4.【发送 SMTP 邮件消息】实操提示

（1）集合数据添加附件集合

在【发送 SMTP 邮件消息】活动中，在"附件—附件集合"中，将要发送的附件地址以集合（list）形式填入，例如，{"E:\360MoveData\Users\Adam\Desktop\模块六\人事部 202307 资金收支计划表.xlsx","E:\360MoveData\Users\Adam\Desktop\模块六\行政部

202307 资金收支计划表 .xlsx"}，如图 6-14 所示。

图 6-14　附件集合内容设置

（2）活动变量添加文件路径

在输入附件的"文件路径"时，除了直接输入字符串外，还可以使用以下两种方法录入文件路径。

方法一：使用【选择文件】活动，该活动输出的变量即为单个文件的路径，将其填入附件集合。

方法二：使用【选择文件夹】活动，创建文件夹变量；再使用【分配】活动与表达式 Directory.Getfiles(文件夹变量，"*")，获取附件文件集合 (String[ ])，以此作为多个文件的路径填入附件集合。

5.【发送 SMTP 邮件消息】实操拓展

在序列"xx 发送邮件"流程的基础上，使用【输入对话框】活动改进流程。当 RPA 运行时，由用户录入邮箱账号、密码，以此来提升流程运行的灵活性，从而优化"发送邮件机器人"。

二、RPA 批量发送邮件

（一）业务场景分析

帮助小郭开发一个"批量发送邮件机器人"工具。

任务：小郭需要给"收件人信息表"中的每一个人（提示：为保证流程的顺利进行与调试工作的正常开展，可将"收件人信息表"全部设置为本人邮箱）发送一封行政部、人事部资金收支计划表邮件，如图 6-15 所示。

主题：202307 资金收支计划表。

正文：这是由 RPA 发送的邮件。

图 6-15　待发送文件

附件：人事部 202307 资金收支计划表 .xlsx，行政部 202307 资金收支计划表 .xlsx。

（二）业务流程设计

具体的业务流程设计，如表 6-7 所示。

表 6-7　人工步骤业务流程

步骤	人工动作	提示
Step1	输入账号、密码，登录邮箱	
Step2	输入收件人账号、主题、正文	第 1 个收件人
Step3	单击"添加附件"，选择两个附件文件	
Step4	发送	
Step2	输入收件人账号、主题、正文	第 2 个收件人
Step3	单击"添加附件"，选择两个附件文件	
Step4	发送	
不断重复 Step2~Step4		第 N 个收件人

通过观察可知，如果有 N 个收件人，就会有 3*N 个步骤，如此一来就需要耗费大量的时间去处理。通过观察还可以发现，发送每一封邮件的动作都相同，我们可以让机器人循环执行对每一个收件人的动作，直至所有任务全部完成。具体流程如图 6-16 所示。

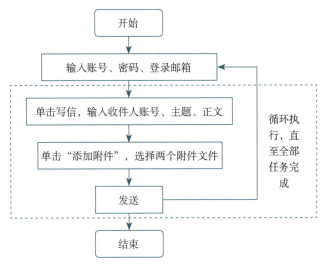

图 6-16　具体流程

（三）RPA 设计步骤

具体的 RPA 设计步骤，如表 6-8 所示。

表 6-8　RPA 设计步骤

步骤	人工操作	RPA 步骤	备注
Step1	输入账号、密码，登录邮箱	用【输入对话框】活动获取账号密码信息	发件人邮箱地址、发件人密码
Step2	输入收件人账号、主题、正文	用【发送 SMTP 邮件消息】活动设置邮件的相关内容	smtp.qq.com;465 收件人 1
Step3	单击"添加附件"，选择两个附件文件		202107 资金收支计划表；这是由 RPA 发送的邮件；发件人密码；发件人邮箱地址；附件路径
Step4	发送		

续表

步骤	人工操作	RPA 步骤	备注
Step5	重复 Step1~ Step4	用【发送 SMTP 邮件消息】活动重复发送相关信息	收件人 2、收件人 3……

提示：在邮件机器人的【发送 SMTP 邮件消息】活动中设置相关属性时，除各个收件人的 E-mail 地址发生变化以外，其他都是固定不变的。因此，应将收件人信息表中收件人的 E-mail 地址设置为被循环的对象，同时将【发送 SMTP 邮件消息】活动设置为循环体。

（四）RPA流程开发

（注：首先将收件人邮箱信息补充完整，在收件人处填入自己的邮箱地址或他人的邮箱地址。）

批量发送邮件

步骤一：新建一个名为"xx批量发送邮件机器人"的序列，在序列中添加【输入对话框】活动，将"输入—标签"设置为字符串"请输入发件人邮箱地址"，"结果"设置为新创建的变量"xxe_ad"（注：e_ad是 E-mailaddress 的缩写），并将此变量的"变量类型"设置为字符串"String"，此变量及后续变量"范围"皆设置为"xx批量发送邮件机器人"。

步骤二：接着添加【输入对话框】活动，将"输入—标签"设置为字符串"请输入发件人邮箱16位授权码"，"结果"设置为新创建的变量"xxe_pd"（注：e_pd是 E-mailpassword 的缩写），并将此变量的"变量类型"设置为字符串"String"。

步骤三：继续添加【消息框】活动，将"输入—文本"设置为字符串"请选择收件人信息表"。

步骤四：继续添加【选择文件】活动，将"输出—选择的文件"设置为新创建的变量"xxfile_收件人信息表"，并将此变量的"变量类型"设置为字符串"String"。

步骤五：继续添加【消息框】活动，将"输入—文本"设置为字符串"请选择存放附件的文件夹"。

步骤六：继续添加【选择文件夹】活动，将"输出—选择的文件夹"设置为新创建的变量"xxfolder_附件"，并将此变量的"变量类型"设置为字符串"String"。

步骤七：继续添加【分配】活动，将"杂项—值"设置为表达式Directory.GetFiles(xxfolder_附件, "*资金收支*")（提示：提取带有"资金收支"字样的文件路径组成的字符串集合），将"杂项—受让人"设置为新创建的变量"xxfiles_附件"，并将此变量的"变量类型"设置为数据集合"String[ ]"。

步骤八：继续添加【读取范围】活动，将"输入—工作簿路径"设置为已创建的变量"xxfile_收件人信息表"，"工作表名称"设置为字符串"Sheet1"，"范围"设置为""（提示：""代表全部工作表），"数据表"设置为新创建的变量"xxdata_收件人"，此变量的"变量类型"设置为数据表"DataTable"，"添加标头"勾选上"☑"。各变量的设置情况，如图 6-17 所示。

名称	变量类型	范围	默认值
xxfile_收件人信	String	xx批量发送邮件机器人	输入 VB 表达式
xxfolder_附件	String	xx批量发送邮件机器人	输入 VB 表达式
xxfiles_附件	String[]	xx批量发送邮件机器人	输入 VB 表达式
xxdata_收件人	DataTable	xx批量发送邮件机器人	输入 VB 表达式
xxe_ad	String	xx批量发送邮件机器人	输入 VB 表达式
xxe_pd	String	xx批量发送邮件机器人	输入 VB 表达式
创建变量			

图 6-17　各变量具体设置

步骤九：继续添加【对于每一个行】活动，将"输入—数据表"设置为已创建的变量"xxdata_收件人"。

步骤十：在【对于每一个行】活动的"正文"添加【发送SMTP消息】活动，将"主机—服务器"设置为字符串"smtp.qq.com"，"端口"设置为数值"465"，"收件人—目标"设置为表达式"row(1).ToString"，"电子邮件—主题"设置为字符串"202307资金收支计划表"，将"正文"设置为字符串"这是由RPA发送的邮件"，将"登录—密码"设置为已创建的变量"xxe_pd"，"登录—电子邮件"设置为已创建的变量"xxe_ad"，"附件—附件集合"设置为已创建的变量"xxfiles_附件"，具体设置如图6-18所示。

步骤十一：跳出【对于每一个行】活动，在序列的最外层添加【消息框】活动，将"输入—文本"设置为字符串"发送完成！"。

步骤十二：运行程序，然后登录个人邮箱，并查看发送结果，如图6-19所示。具体的RPA活动流程如图6-20（1）、（2）所示。

图 6-18　具体设置

自助查询						
登录查询	设备管理	发信查询	收信查询	删信查询	广告邮件查询	其他邮箱查询

最近30天发信记录 (不包含群邮件)

时间	收件人	主题	投递状态
今天			
晚上11:07	7	202307资金收支计划表	投递成功
晚上11:07	7	202307资金收支计划表	投递成功
晚上11:07	77	202307资金收支计划表	投递成功
晚上11:07	77	202307资金收支计划表	投递成功
晚上11:07	77	202307资金收支计划表	投递成功

图 6-19　运行结果呈现

图 6-20（1） RPA 活动流程

图 6-20（2） RPA 活动流程

（五）实操问题汇总

1.服务器端口设置错误

在【发送SMTP邮件消息】活动属性中，"主机—端口"出现错误提示信息，如图6-21所示。

图 6-21　端口数据类型设置错误

解决方法：【发送SMTP邮件消息】活动中的端口仅支持整数（Int32）类型，在进行"主机—端口"设置时，无须加双引号。

2.路径遗漏填写报错

在【发送SMTP邮件消息】活动属性中，设置了添加附件，但未输入附件的文件路径，运行时会提示执行错误，如图6-22所示。

图 6-22　未设置文件路径

解决方法：输入附件的文件路径，或按下"Delete"键删除该行数据。

3.主机服务器设置错误

当程序运行错误时，会出现错误提示：发送SMTP邮件消息:535:5.7.8 Sorry，如图6-23所示。

图 6-23　错误信息提示

解决方法：当出现录入错误时，需修改属性中的主机设置，如图6-24所示。

图 6-24　设置正确服务器属性

任务四　RPA读取E-mail

任务背景

小郭：张姐，批量发送邮件机器人用起来真方便，太谢谢您了！那RPA既然能批量发送邮件，是不是也能批量读取邮件呀？

小张：好用就行，不用客气。这些都是基础内容，想要用得更广还需要自己多加钻研，我也在不断学习，以后我们一起学吧。RPA是可以读取邮件的，你具体要实现什么功能呢？

小郭：我每周都要汇总各部门的资金收支计划表，大家都给我发邮件，我要一封一封地去查找主题、下载附件。邮件数量又多，看得我眼睛都花了，还容易有遗漏……

小张：查阅邮件主题、下载附件这个工作是没问题的，属于基本操作范畴，那我们今天就来解锁新技能吧……

小郭：嗯，我一定好好学习。

任务目标

根据上述场景描述，我们要完成以下任务：（1）掌握【获取POP3邮件消息】、【保存附件】的作用及使用方法；（2）根据特定的业务场景，梳理人工流程，并根据人工流程设计RPA流程；（3）开发完成"读取邮件机器人"。

一、相关知识准备

（一）【获取POP3邮件消息】活动的属性及其应用

1.【获取POP3邮件消息】活动简介

【获取POP3邮件消息】活动通过POP3协议来获取收到的邮件信息，其主要功能是从指定服务器上检索POP3电子邮件消息，如图6-25所示。

图6-25　【获取POP3邮件消息】活动

2.【获取POP3取件消息】活动属性

【获取POP3邮件消息】活动的主要属性及其功能，如表6-9所示。

表6-9　【获取POP3邮件消息】活动的主要属性及其功能

属性	参数	功能	提示
主机	服务器	待使用的电子邮件服务器主机	如"pop.qq.com"，字符串格式（必填项）
	端口	用于接收电子邮件消息的端口	Int32类型（必填项）
常见	超时（毫秒）	指定最长等待时间(以毫秒为单位)	如果超出该时间网络流操作仍未运行，则会报错，默认值为30000毫秒（30秒）
登录	密码	用于接收邮件消息的电子邮件账户密码	字符串格式（必填项）
	电子邮件	用于接收邮件消息的电子邮件账户	
输出	消息	作为邮件消息对象集合的已检索邮件消息	创建变量，存储获取的邮件消息（必填项）；变量类型为List<MailMessage>格式，如果需要访问邮件中的信息，则需结合【遍历循环】来使用
选项	删除消息	指定是否标记已读消息，以便删除	收取邮件后，是否删除网页E-mail的邮件(选填项)
	顶部	从列表顶部开始检索的消息数量	收取邮件的数量（选填项）

3.【获取POP3取件消息】活动实操

（1）操作描述

读取邮件内主题

在新建序列中添加【获取POP3邮件消息】活动，以此获取个人邮箱中前5封邮件信息，创建变量"xxmails"来存储获取的邮件信息。接着添加【日志消息】活动，输出第2封邮件的主题。运行该流程，并在输出面板中查看运行结果。

（2）RPA设计

具体的RPA设计步骤如表6-10所示。

表6-10　RPA设计步骤

序号	步骤	活动	注意事项
1	获取邮箱邮件	【获取POP3邮件消息】	在属性中，将"登录—密码"设置为16位邮箱授权码字符串；将"输出—消息"设置为与之相对应的输出变量
2	输出主题	【日志消息】	用表达式输出邮件主题

（3）RPA操作

步骤一：新建一个名为"xx获取邮件消息"的序列，在序列中添加【获取POP3邮件消息】活动，将"主机—服务器"设置为字符串"pop.qq.com"，"主机—端口"设置为数值"995"，"登录—密码"设置为个人邮箱16位授权码，"登录—电子邮件"设置为个人邮箱地址，在"输出—消息"处创建新的变量"xxmails"，将此变量的"变量类型"设置为邮件消息数组类型"List<MailMessage>"，"范围"设置为"xx获取邮件消息"，如图6-26所示。"选项—顶部"设置为数值"5"（提示：读取前5封邮件）。

名称	变量类型	范围
xxmails	List<MailMessage>	xx读取邮件主题

图6-26　邮件变量设置

步骤二：接着添加【日志消息】活动，将"日志—消息"设置为表达式"xxmails(1).Subject"（提示：获取邮件主题的方法）。

步骤三：运行该程序，并查看输出结果，如图6-27所示，具体操作流程如图6-28所示。

图6-27　运行结果呈现

图 6-28　RPA 活动流程

4.【获取POP3取件消息】实操拓展

在序列"xx获取邮件消息"流程的基础上，输出这5封邮件的主题。

5.【获取POP3取件消息】知识拓展

【获取POP3邮件消息】从邮箱中取回的邮件很可能是多封E-mail，用于存储这些E-mail的变量类型是List<MailMessaae>。以下是数组与列表之间的比较，如表6-11所示。

表 6-11　数组与列表之间的比较

项目	集合	
	数组（Array）	列表（List）
新建	变量：星座 Array(String[ ]) 星座 Array={"白羊"，"金牛","双子","巨蟹","狮子"}	变量：星座 List(List<String>) 星座 List=NewList(ofString)from{"白羊","金牛","双子","巨蟹","狮子"}
访问	访问"星座 Array(o)"，输出"白羊"	访问"星座 List(o)"，输出"白羊"
增加元素	不可增加	可以增加（添加到集合 AddtoCollection）

MailMessage包含了E-mail的各种属性，如Subject(主题)、Body(正文内容)、Sender(发送者)等。当输入List<MailMessage>类型的变量Mail.后，会出现一个下拉式菜单，可以选择获取其不同的属性内容。

（二）【保存附件】活动属性及其应用

1.【保存附件】活动简介

该活动主要作用是保存目标邮件的附件到指定的文件夹。如果该文件夹不存在，则需要自行创建。如果未指定任何文件夹，则下载内容将会被保存在项目文件夹中，并且指定文件夹中与附件同名的文件将会被覆盖，如图6-29所示。

图 6-29　【保存附件】活动

2.【保存附件】活动属性

【保存附件】活动的主要属性及其功能，如表 6-12 所示。

表 6-12　【保存附件】活动的主要属性及其功能

属性	参数	功能	备注
输入	文件夹路径	保存附件文件夹的完整路径	String 类型（必填项）
	消息	将保存附件的邮件消息对象	获取的邮件信息 (MailMessage)(必填项)
输出	附件	已检索的附件	已下载的附件路径的集合（选填项）
选项	筛选	表示根据保存附件文件名进行验证的表达式	下载附件的格式，String 类型，如 "xlsx"（选填项）

3.【保存附件】活动实操

（1）操作描述

获取自己邮箱中前 3 封邮件的附件（提前发送给自己 3 封邮件，如图 6-30 所示）。

获取邮件中的
附件

图 6-30　自我发送 3 封邮件

（2）RPA 设计

具体的 RPA 设计步骤，如表 6-13 所示。

表 6-13　RPA 设计步骤

序号	步骤	活动	注意事项
1	获取邮箱邮件	【获取 POP3 邮件消息】	在属性中，将"登录—密码"设置为 16 位邮箱授权码字符串；"输出—消息"设置为与之相对应的输出变量
2	逐个读取邮件	【遍历循环】	将循环内容添加到【遍历循环】活动的"正文"；设置活动【遍历循环】自带默认变量"item"的数据类型
3	保存附件	【保存附件】	在属性中，将"输入—消息"设置为系统默认变量"item"，变量"item"的数据类型为"MailMessage"

（3）RPA 操作

步骤一：新建一个名为"xx 获取邮件附件"的序列，在序列中添加【获取 POP3 邮件消息】活动，将"主机—服务器"设置为字符串"pop.qq.com"，"端口"设置为数值"995"，"登录—密码"设置为 16 位邮箱授权码，"电子邮件"设置为个人邮箱地址，在"输出—消息"处创建一个新的变量"xxmails"，将此变量的"变量类型"设置为邮件消息数组类型"List<MailMessage>"，"范围"设置为"xx 获取邮件附件"，"选项—顶部"

设置为数值"3"（提示：读取前3封邮件）。

步骤二：接着添加【遍历循环】活动，将"杂项—值"设置为已创建的变量"xxmails"，在"杂项—TypeArgument"下拉式菜单中，选择"浏览类型"，进入"浏览并选择.NET类型"界面，在"类型名称"框中输入"mailmessage"，并按下回车键，选择"MailMessage"，如图6-31所示。

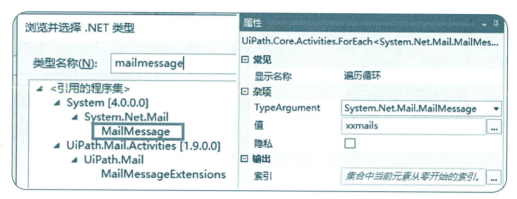

图6-31　变量类型设置

步骤三：在【遍历循环】活动的"正文"添加【保存附件】活动，将"输入—消息"设置为系统默认变量"item"，在【保存附件】活动界面单击…按钮，选择保存附件的文件夹路径。

步骤四：运行程序，并查看运行结果，如图6-32所示，具体的RPA活动流程如图6-33所示。

图6-32　运行结果呈现

图6-33　RPA活动流程

二、RPA批量读取邮件

（一）业务场景分析

根据小郭的描述，帮助小郭开发一个"批量下载邮件附件机器人"工具。

资料情况：小郭已经收到了各部门发来的主题为"资金收支计划"的邮件。

任务：小郭需要将所有部门的资金收支计划邮件附件均下载到相应文件夹。

（二）业务流程设计

先打开本人邮箱，查看收件箱，下载包含"资金收支计划表"的相关文件，然后将其保存至相应文件夹，具体的人工操作步骤如表 6-14 所示。

表 6-14　人工操作步骤

步骤	人工动作	提示
Step1	输入账号、密码，登录邮箱	
Step2	单击收件箱	
Step3	打开第一封主题包含"资金收支计划"的邮件	打开第 1 封邮件
Step4	下载附件到指定文件夹	
Step3	打开第二封主题包含"资金收支计划"的邮件	打开第 2 封邮件
Step4	下载附件到指定文件夹	
……		打开第 N 封邮件

业务流程如图 6-34 所示。

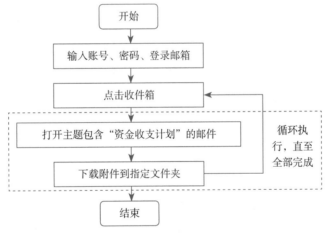

图 6-34　业务流程

（三）RPA 设计步骤

具体的 RPA 设计步骤，如表 6-15 所示。

表 6-15　RPA 设计步骤

步骤	人工流程	RPA 活动	属性设置
Step1	输入账号、密码，登录邮箱	【输入对话框】	收件人邮箱地址、收件人密码
Step2	单击收件箱	【获取 POP3 邮件消息】	服务器地址、收件人密码、收件人邮箱地址、创建存储变量
Step3	打开第一封主题包含"资金收支计划"的邮件	【IF 条件】	筛选第一封包含"资金收支计划表"的邮件
Step4	下载附件到指定文件夹	【保存附件】	继续提取包含相关信息的第二封、第三封邮件……
Step5	重复 Step3~ Step4	【IF 条件】、【保存附件】	

通过观察可以发现，针对每一封主题包含"资金收支计划"的邮件，其进行判断的动作都相同，通过RPA循环执行对每一封邮件的动作，直至所有邮件全部处理完成。因此，应将每一封邮件信息设置为循环操作的对象，将【IF条件】、【保存附件】设置为循环体。

（四）RPA流程开发

（提示：如果收件箱中没有包含"资金收支计划"主题的邮件，请先给自己发送几封邮件，然后再运行机器人）

批量读取邮件

步骤一：新建一个名为"xx批量下载邮件附件机器人"的序列，在序列中添加【消息框】活动，将"输入—文本"设置为字符串"请选择附件存放的位置"。

步骤二：接着添加【选择文件夹】活动，将"输出—选择的文件夹"设置为新创建的变量"xxfolder附件"，此变量的"变量类型"设置为字符串"String"，并将此变量及后续变量"范围"皆设置为"xx批量下载邮件附件机器人"。

步骤三：继续添加【输入对话框】活动，将"输入—标签"设置为字符串"请输入邮箱地址"，"结果"设置为新创建的变量"xxe_ad"，并将此变量的"变量类型"设置为字符串"String"。

步骤四：继续添加【输入对话框】活动，将"输入—标签"设置为字符串"请输入邮箱16位授权密码"，"结果"设置为新创建的变量"xxe_pw"，并将此变量的"变量类型"设置为字符串"String"。

步骤五：继续添加【获取POP3邮件消息】活动，将"主机—服务器"设置为字符串"pop.qq.com"，"端口"设置为数值"995"，"登录—密码"设置为16位邮箱授权码，"电子邮件"设置为个人邮箱地址，在"输出—消息"处创建一个新的变量"xxmails"，并将此变量的"变量类型"设置为邮件消息数组类型"List<MailMessage>"，"选项—顶部"设置为数值"5"（提示：读取前5封邮件）。

步骤六：继续添加【遍历循环】活动，将"杂项—值"设置为已创建的变量"xxmails"，在"杂项—TypeArgument"中选择"MailMessage"数据类型。

步骤七：在【遍历循环】活动的"正文"添加【IF条件】活动，将"杂项—条件"设置为表达式item.Subject.Contains（"资金收支计划表"）。

步骤八：在【IF条件】活动的"Then"中添加【保存附件】活动，将"输入—文件夹路径"设置为已创建的变量"xxfolder附件"，"消息"设置为系统默认变量"item"。

步骤九：跳出【遍历循环】活动，在流程的最外层添加【消息框】活动，将"输入—文本"设置为字符串"全部完成！"。

步骤十：运行程序，并查看输出结果，如图6-35所示，

图6-35 运行结果呈现

具体流程如图 6-36 所示。

图 6-36　RPA 活动流程

（五）实操任务汇总

默认循环变量设置错误：在运行 RPA 流程时，【遍历循环】活动会出现提示报错情况，相关报错如图 6-37 所示。

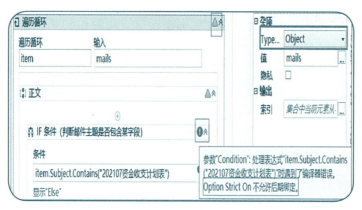

图 6-37　默认循环变量设置错误

解决方法：修改【遍历循环】活动自动生成的变量 item 的类型，将 "Object" 数据类型更改为 "System.Net.Mail.MailMessage"，如图 6-38 所示。

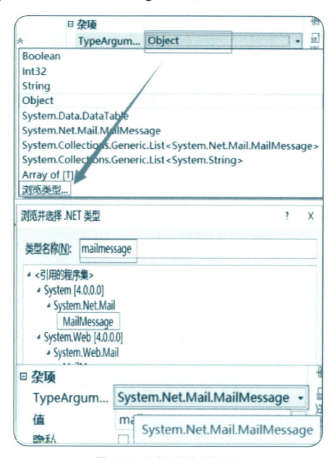

图 6-38　设置正确的变量类型

 模块总结

● E-mail 是一种通过电子通信系统进行信息交换的通信方式。它经历了早期起源、ARPANET时期、商业化阶段、互联网时代等发展阶段。其工作原理涉及发送方与接收方，通过SMTP、POP3、IMAP等协议实现信息传输，具有传输速度高效、传输信息丰富多样、信息收发便捷、收发成本低廉、交流对象广泛等优点，广泛应用于个人通信、商务办公、教育学术和营销推广等领域。

● E-mail 客户端属于计算机上的一款软件，在操作网页E-mail时，需要通过特定的协议，如SMTP（用于发送邮件）、POP3（用于接收邮件）、IMAP（用于接收邮件）。默认情况下，邮件传输协议是关闭的，在使用客户端之前，要手动开启邮件传输协议。

● 邮件协议开启与授权：以 QQ 邮箱为例，精准开启 POP3/SMTP 服务并获取授权码，依循界面指引，借密保手机验证，为自动化筑牢安全访问根基，且牢记授权码应用与管理要点。

● 【发送 SMTP 邮件消息】活动依属性设参数，填账号、定主题、编正文、添附件（路径录入多元）精准构建邮件，RPA 设计依序操作，遇错依类型（端口、路径、服务器）精准纠错，保流程无误。

● 【获取 POP3 邮件消息】活动依属设参接收存储邮件，结合【遍历循环】与表达式处理多邮件；【保存附件】按属性指定路径依条件筛选保存，协同实现附件高效下载，循环变量报错依规则调整数据类型修复故障。

● 获取的邮件信息通常有多条，要使用【遍历循环】，针对每一条邮件信息进行对应的操作。

● 在获取指定条件的邮件时，需要使用【IF 条件】进行判断，再对符合条件的邮件信息进行操作。

🏆 模块测试

模块测试

学习导图

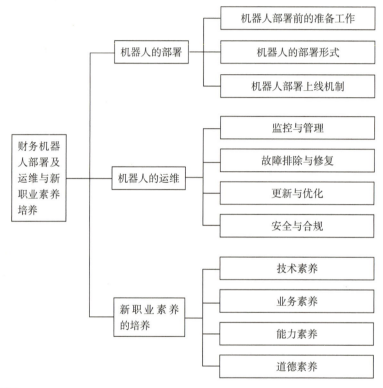

知识目标

1.了解RPA财务机器人部署相关理论知识，包括部署前的准备工作、部署形式、部署上线机制等内容。

2.掌握财务机器人的部署流程和方法，涵盖从流程梳理、数据规划到测试验证、员工培训和审批等一系列环节。

3.了解RPA财务机器人运维工作的必要性，以及运维工作所涉及的监控与管理、故障排除与修复、更新与优化、安全与合规等方面的知识。

4.了解新职业素养的内涵和重要性，包括技术素养、业务素养、能力素养和道德素养等方面的内容。

技能目标

1.能够对RPA机器人部署进行企业应用评估，为企业决策提供依据。

2.了解财务机器人部署环境的准备工作，包括硬件环境和软件环境的搭建和优化。

3.了解财务流程梳理和数据流程规划，以保障机器人运行顺畅。

4.能够对RPA机器人进行软件更新、流程优化和性能优化，提升机器人的功能和效率。

思政目标

1.培养精益求精的工匠精神和爱岗敬业的劳动态度。

2.培养良好的数据安全意识和工作流程标准化的职业素养。

3.增强自我技能提升意识和抗压能力，积极适应技术发展和工作变化，不断提升自身能力。

4.培养学生的职业操守和道德观念，在处理财务数据过程中，应当保护数据安全和隐私。

在数字化转型的浪潮中，RPA机器人的部署和运维扮演着重要角色。随着技术的不断进步以及应用的广泛拓展，越来越多的企业开始采用RPA机器人来自动化处理重复性工作。机器人的部署和运维决定了其在实际工作中的稳定性和效率，对于提高工作效率和降低成本具有重要意义。通过RPA机器人，企业可以减轻员工重复性工作的负担，让员工能够专注于更高价值的工作，从而提高工作效率和精确度。

随着RPA的发展与普及，企业需要掌握如何有效地部署和维护这些自动化工具，以确保它们在实际工作中的稳定性和效率。这也给新时代会计人员的职业素养赋予了新的要求。机器人部署和运维方面的专业人员将成为企业所需的重要资源。这类人员需要具备一定的技术知识、业务理解能力和项目管理能力，以更好地支持和推进RPA的应用。新时代的会计人员不仅要具备传统的财务技能，还需要顺应技术发展的潮流，提高自身的职业素养，以满足机器人部署和运维的新要求。首先，机器人部署和运维需要具备一定的技术知识和技能，如了解机器人软件和工具的使用、熟悉操作系统和网络，以及具备故障排除和优化的能力。其次，运维人员需要具备一定的业务理解和沟通能力，能够与业务部门和开发人员合作，领会业务需求并有效地应用机器人技术。此外，有一定的项目管理和团队协作能力同样也是机器人部署和运维所必需的素养之一。因此，培养具备这些综合素养的专业人员，可以更好地推进RPA的应用和发展，并为企业创造更大的价值。

任务一　机器人的部署

任务背景

小郭：张姐，开发RPA机器人的操作我基本掌握了，后续还有什么要做的呢？

小张：什么意思？小郭，你这是想让你的机器人投入实际应用吗？

小郭：哈哈，还是你最了解我。

小张：你说的是RPA机器人的部署呀，部署机器人可没有那么简单，需要很多的准备工作呢。

小郭：张姐，你就别卖关子了，快跟我说说吧。

小张：别急，我先去请示一下领导。

任务目标

根据上述场景描述，我们要完成以下任务：（1）完成机器人部署前的各项准备工作，包括进行RPA企业应用评估、明确RPA部署基本要求、准备好RPA部署环境、梳理财务流程和规划数据流程、做好RPA部署人员准备。（2）了解机器人的不同部署形式，按部署环境分类，有本地部署和云端部署；按部署方式分类，有独立部署和嵌入式部署；按部署规模分类，有小型化部署、中型化部署和大型化部署，并知晓其各自特点和应用场景。（3）掌握机器人部署上线机制，包括测试与验证、员工培训和审批流程。

一、机器人部署前的准备工作

（一）RPA企业应用的评估

1. 成本效益分析

成本效益分析是评估RPA是否可进行企业应用的重要环节。计算实施RPA项目的初始投资成本，包括UiPath软件许可证费用、硬件设备升级费用（如果需要）、培训费用以及开发和部署成本等。同时，估算RPA机器人能够带来的实际效益，如减少人工成本、提高工作效率、降低错误率等。通过对比成本和效益，确定RPA项目在经济上是否具有可行性。例如，财务部门每年花费大量人力处理发票所产生的费用，通过预估采用RPA机器人实现发票处理流程自动化后，能够减少的人工成本和错误率以及提高的工作效率值来评估项目的成本效益。

2. 业务影响评估

业务影响评估主要聚焦于RPA对财务业务整体所产生的影响。即考量RPA的部署对财务工作流程、组织结构和人员职责的影响及变化。比如，一些重复性的财务工作被机器人替代后，相关财务人员的工作职责会发生变化，可能需要转向更具创造性和分析性的工作任务。同时，要评估RPA对财务业务的服务质量和响应速度的影响，确保机器人能够提高财务服务的质量和效率，满足企业内部和外部客户的需求。又比如，通过自动化报表生成流程，能够更快地提供准确的财务报表，为企业管理人员制定决策提供及时的支持。

3. 技术可行性评估

从技术角度评估RPA项目应用的可行性。检查UiPath软件是否能够满足财务业务的技术需求，如是否支持复杂的财务数据类型和操作，是否能够与现有系统实现有效集成等。同时，还可评估企业的技术环境是否能够支持RPA的部署，包括服务器的硬件配置（如CPU、内存、存储等）是否满足机器人运行的需求，软件环境（如操作系统、.NET

Framework 版本等）是否与 UiPath 相兼容。此外，还要考虑网络环境的稳定性和带宽，以确保机器人能够及时获取和传输数据，尤其是在处理大量财务数据或需要实时交互的情况下。

（二）RPA 部署流程的准备

1.财务流程梳理

（1）流程识别与优化

对企业现有的财务流程进行全面梳理。找出重复性高、规则明确且耗时较长的流程，将其作为机器人应用的重点目标。例如，在费用报销流程中发票信息的录入和审核环节，通过机器人可以自动识别发票信息并按照预设规则进行审核。对这些流程进行优化后，去除不必要的环节和复杂的操作步骤，使其更适合机器人自动化处理的要求。绘制详细的财务流程图表，明确各个环节的输入输出、操作步骤以及涉及的数据来源和去向，为机器人流程开发和部署提供清晰的规划蓝图。

（2）标准化流程文档的编制

为每个被选定的财务流程编制标准化操作文档。文档中要详细说明流程的目的、步骤、规则以及数据格式要求等。例如，在应收账款管理流程文档中，明确规定客户付款信息的记录格式、账龄计算方法以及逾期账款的处理规则等。这些文档不仅有助于开发人员准确理解业务需求并开发机器人流程，也为后续的流程维护和优化提供重要依据。

2.数据流程规划

（1）数据接口定义

确定财务机器人与企业内部各个财务系统（如会计核算系统、财务管理系统等）以及外部相关系统（如银行系统、税务系统等）之间的数据接口规范。明确数据传输的格式、频率和安全要求。例如，与银行系统对接时，定义好账户余额查询、交易明细获取的数据格式以及每天定时进行数据传输的频率。同时，应采用加密技术保障数据传输过程中的安全，防止财务数据泄露。

（2）数据存储与管理规划

规划机器人在运行过程中产生的数据存储方式和管理策略。确定数据存储的数据库类型、表结构设计以及数据备份和恢复策略。例如，针对机器人生成的财务报表数据，设计合理的数据库表结构进行存储，并制定定期全量备份和增量备份的策略，以防止数据丢失。同时，建立数据访问权限管理机制，确保只有授权人员才能访问和使用相关数据，保障数据的安全性和完整性。

（三）RPA部署人员的准备

1.项目团队组建

（1）核心人员配备

构建并配置核心人员，组建包括项目经理、UiPath开发工程师、财务业务专家、测试人员和运维人员的项目团队。其中，项目经理负责项目的整体规划、协调和进度把控；UiPath开发工程师负责机器人流程的开发和优化；财务业务专家提供财务专业知识指导并确保机器人运行流程符合财务规范；测试人员进行机器人功能和性能测试；运维人员负责机器人上线后的日常运行维护。各成员之间紧密协作，发挥各自的专业优势，共同推进机器人部署项目。

（2）人员培训与技能提升

对项目团队成员进行有针对性的培训。开发工程师参与UiPath高级编程培训，学习最新的开发技巧和功能应用，以提高机器人开发的效率和质量。财务业务专家进行自动化流程设计培训，以便更好地与开发人员沟通协作，将财务业务知识转化为机器人可执行的流程。测试人员学习自动化测试工具和方法，确保能够全面准确地测试机器人功能。运维人员参与系统维护和故障排除培训，掌握机器人运行监控和应急处理技能，保障机器人的稳定运行。

2.员工沟通与培训

（1）内部沟通协调

在企业内部开展广泛的沟通宣传活动，让各部门员工了解财务机器人的引入目的、应用范围和可能带来的影响。召开跨部门会议，解答员工的疑问，消除员工对机器人可能替代其工作的顾虑，建立良好的反馈机制，鼓励员工对财务机器人提出意见和建议，以便更好地优化机器人的功能和流程，使其更贴合企业的实际业务需求。

（2）最终用户培训

对将使用财务机器人相关功能的财务及相关人员进行培训。培训内容包括机器人的基本操作方法、常见问题的处理以及如何与机器人协同工作等方面。通过实际案例演示和模拟操作练习，让财务人员熟悉机器人的工作流程和输出结果，提高员工对机器人的接受程度和应用能力，确保机器人在企业内部能够顺利地推广和应用。

二、机器人的部署形式

财务机器人的部署形式具备多样化的特点，可以根据部署环境、部署方式和部署规模等不同角度来进行分类，且每个角度都有其独特的分类方式和应用场景。

（一）按部署环境分类

1.本地部署

单机部署：将财务机器人软件安装在一台独立的计算机上，适用于小型企业或特定的财务流程。这种部署形式简单易行，成本较低，但其处理能力有限，不利于业务扩展。

服务器部署：在企业内部的服务器上安装财务机器人软件，通过网络连接多个客户端进行操作。这种部署形式可以提高处理能力和数据安全性，有利于集中化的管理和维护工作，但对硬件和网络配置有较高的要求。

分布式部署：将财务机器人软件分布在多个服务器或计算机上，通过分布式计算框架进行协同工作。这种部署形式可以提高系统的可靠性和可扩展性，适用于大规模的财务数据处理和复杂的业务场景。

2.云端部署

公有云部署：将财务机器人软件部署在第三方公有云服务提供商的服务器上，企业通过互联网来访问和使用。这种部署形式虽然可以降低企业的硬件和软件成本，提高部署速度和灵活性，但需要考虑数据安全和隐私保护等方面的问题。

私有云部署：企业在自建的数据中心或私有云环境中部署财务机器人软件，实现对数据和系统的完全控制。这种部署形式虽然可以满足企业对于数据安全和合规性的要求，但需要投入较高的建设和维护成本。

混合云部署：结合公有云和私有云的优势，将部分财务机器人功能部署在公有云上，部分功能部署在私有云上，实现灵活的资源配置和管理。这种部署形式虽然可以根据企业的实际需求进行定制化部署，但需要较高的技术和管理水平。

（二）按部署方式分类

1.独立部署

独立部署将财务机器人当作一个独立的系统进行部署，并与企业现有的财务软件和业务系统进行集成。这种部署形式虽然可以根据企业的特定需求进行定制化开发，实现高度的自动化和智能化，但需要较高的技术和开发成本。

2.嵌入式部署

嵌入式部署将财务机器人的功能嵌入到企业现有的财务软件或业务系统中，实现无缝对接集成。这种部署形式虽然可以提高用户的体验感和工作效率，减少系统切换和数据重复输入等问题，但需要对现有系统进行一定程度的改造和升级。

（三）按部署规模分类

1.小型化部署

小型化部署适用于小型企业或部门，其部署规模较小，通常只需要一台或几台计算机即可完成部署工作。这种部署形式虽然成本较低、实施周期较短，但其处理能力和功能相对有限。

2.中型化部署

中型化部署适用于中型企业或业务较为复杂的部门，其部署规模适中，需要有一定数量的服务器和计算机才能进行部署。这种部署形式可以满足企业的基本业务需求，具有一定的处理能力和可扩展性。

3.大型化部署

大型化部署适用于大型企业或集团公司，其部署规模较大，需要有大量的服务器和计算机才能进行分布式部署。这种部署形式可以处理大规模的财务数据和复杂的业务流程，具有高度的可靠性和可扩展性。

三、机器人部署上线机制

（一）测试与验证

1.单元测试

针对机器人的各个组件和功能模块进行单独测试，这有助于保证每个部分都能正常运行且符合预期功能。例如，对于财务机器人中负责发票处理的模块，要测试它是否能准确识别发票上的各项信息，包括发票号码、日期、金额、供应商等。通过提供各种类型的发票样本进行测试，检查模块对不同格式和内容的发票的处理能力。

2.集成测试

将经过单元测试的各个模块组合在一起，测试它们之间的交互和协作是否正常。在财务机器人中，会涉及发票处理模块、费用报销模块和财务报表生成模块等之间的交互。例如，测试发票处理模块提取的费用信息是否能正确地传递给费用报销模块进行后续处理，以及费用报销模块处理后的结果是否能准确地反馈给财务报表生成模块来进行数据汇总和报表生成。

3.系统测试

从整体上对机器人进行测试，评估其性能、稳定性和准确性。在模拟的财务工作环境中，测试机器人是否能高效地处理大量的财务数据，是否能满足财务业务的实际需求。例如，测试机器人在处理财务报表数据时，是否能在规定时间内完成处理任务，且处理结果是否准确无误。同时，要记录测试过程中出现的问题和相关数据，以便后续进行分析和改进。

（二）员工培训

1.培训内容

员工培训的内容包括机器人的基本操作，如财务人员需要明确如何启动和停止机器人、如何设置相关参数以及如何查看机器人处理后的结果。培训还应涵盖机器人的功能介绍，让员工了解机器人可以完成哪些财务任务，如发票处理、费用报销、财务报表生成等。同时，还要强调机器人的安全注意事项，如数据保护、用户权限管理等，以确保用户在使用过程中不会因操作不当而导致数据泄露或其他安全问题。

2.培训方式

员工培训可以采用多种方式，如面对面授课、在线视频教程、操作手册等。面对面授课可以让培训人员与员工直接进行互动，及时解答员工的疑问。在线视频教程方便员工随时开展学习，不受时间和空间的限制。操作手册则可以作为用户的参考资料，在使用过程中随时查阅。

（三）审批流程

1.技术审核

由技术部门对机器人进行审核，主要审核机器人的技术性能是否符合要求。这包括检查机器人的算法是否正确，软件是否稳定，是否能与现有系统有效集成等。例如，技术部门要确保财务机器人所使用的发票识别算法能够准确识别各种发票，且软件在运行过程中不会出现崩溃或其他技术问题，同时还能与企业的财务系统、ERP系统等实现无缝对接。

2.财务审核

由财务部门对机器人进行审核，主要审核机器人对财务业务的适用性和准确性。财务部门要检查机器人是否能正确处理各种财务数据，是否符合财务业务的规范和要求。例如，检查财务机器人在处理发票时能否按照财务制度进行分类和核算，在生成财务报表时是否遵循相关会计准则。

3.管理层审批

由管理层对机器人进行审批，综合考量技术和财务方面的情况以及对企业战略的影响。管理层要权衡机器人所带来的效益（如提高效率、降低成本等）与可能存在的风险（如技术故障、数据安全等），从而决定是否批准机器人上线运行。

任务二　机器人的运维

任务背景

小郭：张姐，我设计的RPA机器人经理已经批准通过了，可以正常运行了。

小张：是不是很有成就感？但不要高兴得太早，我们还有很多后续工作需要做呢。

小郭：还有哪些后续工作呀？

小张：RPA上线后，主要工作就是机器人的日常运行和维护，这就是今后工作的重点。

小郭：好的，张姐，看来我这个会计人也要转型成多面手了。

任务目标

根据上述场景描述，我们要完成以下任务：（1）熟悉RPA机器人运维过程中的监控与管理相关知识；（2）熟悉RPA机器人运维过程中的故障排除与修复相关知识；（3）熟悉RPA机器人运维过程中的更新与优化相关知识；（4）熟悉RPA机器人运维过程中的安全与合规相关知识。

一、监控与管理

（一）性能监控

RPA运行时需要实时监测其关键性能指标，包括处理速度、响应时间、成功率、错误率等。借助专业的监控工具，详细了解机器人在不同任务和业务场景下的运行效率。例如，对于处理大量数据的财务机器人，需要密切关注其每小时的数据处理量以及每条数据的平均处理时间，以便及时发现潜在的性能瓶颈问题。从机器人的设计、调度和通用性层面考量，可以考虑跨流程甚至跨部门运用机器人，以实现RPA功能的最大化利用。

（二）资源管理

运维部门需合理调配RPA机器人运行所需的各类资源。在计算资源方面，根据任务复杂度和数据量大小，动态分配核心CPU和内存。在存储资源方面，确保有足够的空间用于数据存储和缓存。同时，还要考虑网络资源情况，保障机器人与相关系统之间的通信顺畅。例如，在业务高峰期，适当增加机器人的CPU和内存资源，以满足高负载任务的需求。

（三）流程监控

运维人员需全面跟踪RPA机器人执行的业务流程。通过可视化工具，清晰地呈现每个流程步骤的执行状态，确保机器人严格按照预设流程操作。及时发现流程中的异常情况，如跳过必要步骤、重复执行某些环节或出现未定义的分支等。例如，在订单处理流程中，监控机器人是否正确获取订单信息、是否进行有效的库存检查以及是否准确生成发货通知。

（四）日志管理

RPA机器人管理平台会提供完整的操作日志，用以跟踪并记录机器人和用户在自动化系统中执行的每一步操作，因此需妥善处理RPA机器人产生的日志信息。建立有效的日志收集和存储机制，确保日志的完整性和可查询性。通过分析日志，可以深入了解机器人的运行历史，包括任务启动时间、执行过程中的关键事件、出现的错误以及最终的结果等。例如，在排查机器人故障时，日志记录能够提供重要的线索，帮助确定故障发生的时间和原因。

二、故障排除与修复

（一）故障检测

运维人员应设立异常报警机制，以便业务人员能够在业务中断前对流程进行修复。可采用多种手段检测RPA机器人的故障。一方面，通过实时监控性能指标和流程执行情况，能够及时发现异常的性能下降或流程中断情况。另一方面，仔细分析机器人运行产生的日志信息，查找其中的错误提示和警告信息。例如，当机器人的处理速度突然大幅下降，或者在日志中出现"无法连接到数据库"的错误提示时，就表明可能存在故障。

（二）故障诊断

在运行过程中，RPA一旦检测到故障，就会深入分析其原因。既要考虑机器人自身的软件问题，如代码错误、算法不合理、软件版本互不兼容等，也要排查与硬件相关的问题，包括服务器故障、网络设备故障、存储设备故障等。此外，还要检查与业务系统的集成是否存在问题，如接口不匹配、数据格式不一致等。如果机器人在处理发票数据时出现错误，有可能是发票识别算法不准确，也有可能是与财务系统的接口存在问题。

（三）修复措施

根据故障诊断的结果，采取有针对性的修复措施。针对软件问题，可能需要更新软件版本、修正代码错误、优化算法等。针对硬件问题，则需要对相应的硬件设备进行维修或更换。针对集成问题，要重新调整接口配置，统一数据格式等。在修复故障后，要对机器人进行全面测试，确保其恢复正常运行状态，并且不会引发新的问题。

三、更新与优化

（一）软件更新

运维人员需定期对RPA机器人的软件进行更新。更新的内容包括修复已知的漏洞和缺陷等，从而增强软件的安全性和稳定性。同时，还可引入新的功能和特性，以满足不断变化的业务需求。例如，伴随企业财务及税务制度的变化，财务机器人的软件可进行同步更新，以便适应新的财务报表格式和税务核算方法。

（二）流程优化

根据业务实际运行情况和发展需求，对RPA机器人执行的业务流程进行优化升级。优化的方向包括简化流程步骤，减少不必要的环节，提高流程的效率。例如，在费用报销流程中，通过分析实际报销数据和流程执行情况，优化审批环节，以提高报销效率。为了确保RPA项目的顺利落地和后期运维的便利性，RPA项目实施还需要建立一套开发规范与标准。这套规范与标准从注释、日志、版本、命名等多个维度出发，应用到整个项目进程中。同时，编写功能模块介绍目录，以便提高RPA的运行效率和任务质量。

（三）性能优化

运维人员可采取多种措施提高RPA机器人的性能。在算法层面，可以优化现有的算法，提高算法的效率和准确性。在资源分配层面，可以更合理地调配CPU、内存和网络资源，以便满足机器人的运行需求。例如，通过采用更高效的发票识别算法，可以提高财务机器人处理发票数据的速度和准确性。整体设计框架的优化则需要考虑需求衔接、参数配置、风控与回滚机制、结构化开发、新需求承接、维护和纠错等因素。根据流程涉及的系统、流程复杂情况、长度、规则和是否通用等因素将整个流程进行切分，确保不同功能模块的低耦合性、流程稳定性和在关键节点的容错性等。

四、安全与合规

（一）数据安全及数据加密

财务数据是企业的核心商业机密，数据一旦泄露，将会被竞争对手利用，其后果轻则丢失客户、丢失市场、影响正常的生产经营、引起股东等相关群体的不信任，重则造成企业利润减少、经营出现困难，甚至面临亏损破产的局面。因此，为了提高财务数据的安全性和访问的安全性，必须采取数据加密措施。无论是在数据存储阶段还是在数据传输过程中，都要使用合适的加密技术，防止数据泄露和被篡改，确保RPA机器人处理数据的安全性。例如，对财务机器人处理的敏感财务数据，可采用AES（advanced encryption standard，高级加密标准，是一种对称密钥加密算法）等加密算法进行加密。同时，要严格控制数据访问权限，只有经过授权许可的人员才能访问特定的数据。

（二）系统安全及访问控制

为增强系统安全，可设置防火墙、入侵检测系统等安全防护措施，防范外部的恶意攻击。定期对系统进行安全扫描，查找可能存在的安全漏洞，并及时进行修复，以维护RPA机器人及其相关系统的安全。例如，使用专业的安全扫描工具，对机器人运行的服务器进行定期扫描，确保系统的安全性。

创建访问控制系统，建立内置的基于角色访问控制的身份验证系统，该系统允许组织将RPA机器人的访问权限设定给授权用户，并将员工之间与自动化相关的职责加以区分。基于这种类型的控制模式，可以在查看、创建或修改模式下为RPA系统中的每个员工赋予不同级别的访问权限，权限大小通常基于员工在组织中的角色、职位而定；基于数据的访问控制，可用于设置对受保护的数据资源的访问权限，并允许对每个资源进行详细的访问控制，如控制访问的时间段、文件夹等。

（三）合规管理及权限管理

RPA机器人的运行需遵循相关的法律法规和企业内部的规章制度。在财务领域，要确保机器人的操作符合财务会计准则、税收法规等。例如，在处理税务相关的业务时，机器人的操作必须符合税收法规的规定，不能出现违规操作的现象。同时，还要遵循企业内部的财务管理制度，如预算制度、费用报销制度等。

不同部门在使用RPA时，都应该分配相应的操作权限。例如，部署和维护人员可以单独设置一种权限，实际运营和操作的人员则应设置另一种权限。这样做的好处在于，能够让整个工作流程和团队分配更加明确，同时，也降低了数据误操作的风险。

任务三 新职业素养的培养

任务背景

经理：小张、小郭，你俩最近干得不错，公司各项事务的自动化运行效率都有了很大的提升，降本增效效果明显。

小张：谢谢经理的赞赏，我们会继续努力的。

小郭：经理你可不知道，这段时间我跟张姐吃了多少苦，受了多少累啊……

经理：哈哈，理解理解。这样吧，你们根据工作内容写一下心得体会。

小郭：啊，别让写心得体会了，累死了……

经理：哈哈，不会让你们白辛苦的，从下月开始，给你们涨工资。

小郭：经理万岁……

任务目标

根据上述场景描述，我们要完成以下任务：（1）熟悉新职业的技术素养和相关知识；（2）熟悉新职业的业务素养和相关知识；（3）熟悉新职业的能力素养和相关知识；（4）熟悉新职业的道德素养和相关知识。

数字化时代，财务机器人在企业中的应用不仅改变了财务工作的方式，也对财务人员的职业素养提出了新的要求。新职业素养不再局限于传统的会计技能和知识，而是要求财务人员具备更全面和多元化的能力，以适应不断变化的工作环境和技术发展。

一、技术素养

（一）编程与软件工具应用

在财务机器人领域，编程是构建自动化流程的基础。从业者需要熟练掌握至少一种相关的编程语言，如运用 Python 开展数据处理和脚本编写工作，以及采用 UiPath 特定的开发语言来设计机器人流程。对于初学者而言，关键要从理解变量、数据类型、循环结构等基本编程概念入手。在掌握这些概念后，可通过实际案例练习来提高编程水平，比如模拟财务数据的提取与计算流程来编写代码。

熟练使用办公软件，特别是 Excel 的高级功能，能够运用函数（如 VLOOKUP、SUMIFS 等）、数据透视表和图表等对财务数据予以整理、分析并进行可视化呈现，方便与财务机器人处理后的数据进行对比和校验。

（二）系统运维与故障排除

熟悉服务器操作系统（如 Windows Server、Linux）的基本操作和管理，能够配置服务器环境以满足财务机器人的运行需求，包括安装必要的软件和依赖项、设置权限和安全策略等。具备网络知识，了解网络拓扑结构、协议等内容，能够诊断和解决因网络问题而导致的财务机器人通信故障，进而保障机器人与各系统之间的数据传输稳定且可靠。掌握机器人性能监控和优化技术，通过工具监测机器人运行时的 CPU、内存等资源使用情况，对性能瓶颈问题进行分析和优化，提高机器人的执行效率。建立有效的故障排查机制，当财务机器人出现异常时，能够迅速定位问题根源（究竟是代码错误、数据问题还是系统环境问题等），并采取相应的解决措施。

（三）数据分析与处理能力

财务工作涉及大量的数据，新职业要求能够高效地收集、清洗、分析和可视化数据。掌握与数据库交互的技术，如熟悉 SQL 查询语句，能够连接并操作常见数据库（如 MySQL、Oracle）进行财务数据的存储、查询、更新和删除等操作，实现机器人与财务数据库的无缝对接。

精通一种或多种数据分析工具，如 R 语言或 Python 的数据分析与数据可视化库（如 Pandas、Numpy、Matplotlib），对财务机器人采集和处理的数据进行深度挖掘和分析，掌握数据分析算法和模型，能够预测财务风险、分析成本趋势等，为企业管理层制定决策提供数据支持。

二、业务素养

（一）财税知识深化学习

扎实的财务基础知识是新财务人员的核心素养。具体包括会计准则、财务报表编制、税务法规等方面内容。从业者要熟悉资产负债表、利润表、现金流量表的结构和编制原理，能够准确无误地进行账务处理、成本核算和财务分析。

深入了解企业财务业务流程，其范围包括从预算编制、资金管理到财务审计等各个环节。能够准确识别流程中存在的痛点和可优化之处，进而通过机器人实现流程自动化，提升工作效率。

熟练掌握财务风险管理技能，能够利用机器人进行风险数据收集、构建风险评估模型和发出风险预警。可以识别出潜在的财务风险因素，如市场波动、信用风险等，并制定出相应的应对策略。具备财务审计能力，了解审计流程和方法，可以利用财务机器人辅助开展审计证据收集、数据分析和审计报告生成工作，从而提高审计效率和准确性。

（二）行业财务特性认知

深入研究所在行业的财务特点和业务模式，如制造业的供应链成本管理、金融行业的资金风险管理等。根据行业特性定制财务机器人应用方案，使其能更贴合企业实际业务需求。关注行业发展趋势对财务的影响，例如，新兴技术行业的研发投入核算、电商行业的销售数据分析等。能够预测行业变化带来的财务挑战和机遇，提前为企业规划财务策略。分析行业竞争对手的财务状况和策略，通过财务机器人获取相关数据并进行对比分析，为企业制定差异化的财务竞争策略提供参考依据。积极参与行业财务交流活动，与同行分享经验和见解，不断拓宽对于行业财务的认知视野，将先进的财务管理理念和方法引入并应用到财务机器人工作中。

（三）企业财务流程理解

全面梳理企业财务全流程，从预算编制、资金管理、账务处理到财务报表生成等环节，明确各环节的关键控制点和业务痛点，为财务机器人的流程优化提供准确依据。与各部门密切合作，深入了解业务部门对财务数据和流程的需求，将财务机器人当作桥梁来实现财务与业务的深度融合，为业务决策提供及时准确的财务支持。积极参与企业的财务流程再造项目，充分运用财务机器人这一先进技术手段，以此推动财务流程朝着标准化、自动化以及智能化的方向发展。定期评估财务机器人在企业财务流程中的应用效果，收集反馈意见，持续优化财务机器人流程，以便适应企业业务的发展变化。

（四）行业洞察能力拓展

关注行业动态和趋势对于财务机器人从业者而言至关重要。不同行业的财务特点和需求存在显著差异。例如，制造业注重成本控制和库存管理，而金融行业则更关注风险管理和合规性。了解所在行业的发展趋势、竞争态势以及政策法规变化，能够提前调整财务机器人应用策略，以便适应企业的发展需求。

通过研究行业标杆企业的财务管理模式和技术应用案例，吸取经验教训。比如，学习先进企业如何利用财务机器人实现财务共享中心的高效运作，为自身所在企业提供借鉴，从而提升企业财务竞争力。

三、能力素养

（一）学习与适应能力

保持对新技术、新知识的敏锐学习意识，关注财务机器人领域的技术创新和行业动态。积极参加线上线下的培训课程、学术研讨会等活动，不断更新自身的知识体系，提升技术水平。具备快速适应企业业务变化和技术更新迭代的能力。当企业业务拓展、财务流程调整或新技术出现时，能够迅速转变思维和工作方式，将新变化融入财务机器人的应用中。

在实际工作中，要善于总结经验教训，从项目实施过程中遇到的问题及其解决方法中不断学习成长，形成自己的知识积累库，并与团队成员展开分享交流，共同提升团队整体能力。

积极探索新的财务机器人应用场景和功能拓展方向，勇于尝试将新技术（如人工智能、区块链等技术）与现有财务机器人系统进行融合创新，为企业创造更大价值。

（二）沟通协作能力

在跨部门项目团队中发挥积极的沟通协调作用，与财务部门、技术部门、业务部门等保持密切沟通。准确传达财务机器人项目的目标、需求和进展情况，确保各方理解达成一致，减少信息误差。

具备良好的书面和口头表达能力，能够撰写清晰明了的项目文档、技术方案和工作报告。在向管理层汇报财务机器人项目成果和价值时，能够以通俗易懂的语言阐述复杂的技术和业务问题，获取管理层的支持和认可。

善于倾听不同部门的意见和建议，尊重团队成员的专业知识和经验。在讨论和决策过程中，积极吸纳各方观点，促进团队合作共赢，共同推进财务机器人项目顺利实施。

能够协调解决团队内部矛盾和冲突，营造积极向上的工作氛围。通过有效的沟通和协作机制，提高团队凝聚力和工作效率。

（三）问题解决与决策能力

在财务机器人项目实施过程中，当遇到各种技术难题、业务冲突和项目风险时，能够运用系统性思维和方法进行分析，快速锁定问题根源，并制定切实可行的解决方案。

具备数据驱动的决策能力，通过对财务机器人收集和处理的数据进行深入分析，为企业财务决策提供准确可靠的依据。在面临多种决策选项时，能够权衡利弊，综合考量技术可行性、业务需求和企业战略目标等因素，做出科学合理的决策。

在复杂多变的业务环境中，能够灵活应对各种突发情况，及时调整决策方案。根据实际情况的变化，对财务机器人的运行策略和流程进行优化调整，确保项目目标的顺利实现。勇于承担决策责任，对决策结果进行跟踪评估，及时总结经验教训，不断提升决策质量和水平。

（四）创新思维能力

敢于冲破传统财务工作模式和思维定式的束缚，从全新的视角思索财务机器人在企业中的应用价值和发展方向。提出创新性的解决方案和业务流程优化建议，推动企业财务管理创新变革。

积极探索财务机器人与其他领域技术的融合创新应用，如与物联网技术相结合实现实时财务数据采集、与人工智能技术相结合开展智能财务分析等。通过创新应用为企业创造新的业务增长点和竞争优势。

鼓励团队成员开展头脑风暴活动，激发创新思维的火花。建立创新激励机制，对在财务机器人应用创新方面有突出贡献的团队成员给予奖励，营造良好的创新文化氛围。

关注行业内外的创新案例和成功经验，将先进的创新理念引入企业财务机器人项目中，不断拓宽创新视野和思路。

四、道德素养

（一）数据保密意识

财务数据涉及企业的核心机密，从业者必须严格遵守保密协议和法律法规。在财务机器人的数据采集、存储、传输和处理过程中，应采取多种加密措施，确保数据不被泄露、篡改或滥用。

对涉及企业核心财务信息的访问权限进行严格管理，应遵循最小权限原则，仅授权必要人员访问相关数据。定期审查和更新访问权限列表，防止因人员变动或权限管理不当而引发数据安全风险。

在处理数据故障和维护工作时，应确保数据的安全性和完整性。对于可能造成数据泄露的操作，应进行严格审批和监控，防止在不经意间泄露敏感信息。

加强对数据存储介质（如硬盘、U盘等）的管理，对存有财务数据的介质进行加密和妥善保管，防止因介质丢失或被盗而导致的数据泄露。

定期进行数据安全培训和风险评估，及时更新安全防护措施。了解最新的数据安全威胁和防范技术，如防范网络攻击、恶意软件等。在日常工作中，应养成良好的数据安全习惯，如定期更换密码、不随意连接不安全的网络等。

（二）诚信正直品格

在财务工作中，保持诚信是基本准则。无论是数据处理、报表编制还是财务分析，都要以客观事实为依据，不弄虚作假、不隐瞒重要信息。财务机器人的应用不可成为违背诚信原则的手段，从业者要确保机器人处理的数据真实可靠，输出的结果符合财务规范和企业利益。

在财务机器人相关工作中，同样要坚守诚实守信的职业操守。无论是数据录入、流程设计还是结果报告，都要以客观事实为依据，不弄虚作假、不隐瞒真相，确保财务信息的真实性和可靠性。

在面对利益诱惑和道德困境时，坚守诚信底线。坚决抵制任何通过财务机器人开展不正当财务操作或欺诈行为的意图，维护企业和职业的声誉。

积极营造诚信的工作环境，鼓励团队成员相互监督、相互信任。对于发现的不诚信行为，应及时予以纠正和处理，树立正确的价值观导向。

在与外部合作伙伴（如供应商、客户等）进行业务往来时，应秉持诚信原则，塑造企业良好的商业形象。

（三）客观公正态度

在利用财务机器人进行财务分析、审计和决策支持等工作时，应保持客观公正的态度，不受个人情感、利益关系或外部压力的干扰。以中立的视角看待问题，提供准确、无偏的财务信息和建议。

在处理财务数据和业务流程时，严格遵循会计准则、财务制度和相关法规要求，不偏袒任何一方利益群体。确保财务机器人的运行结果能够如实体现企业的财务状况和经营成果。

在团队协作中，平等对待同事，客观评价他人的工作成果和贡献。在项目分配、绩效考核等方面做到公平公正，营造良好的团队氛围。

在参与企业财务决策过程中，基于客观事实和数据进行分析论证，为企业提供合理、公正的决策方案，促进企业健康稳定的发展。

（四）社会责任意识

充分认识到财务机器人应用对企业、社会和环境的影响，积极履行社会责任。在工作中注重节能减排、节约资源等环保要求，通过优化财务机器人流程提高企业运营效率，降低资源消耗。

遵守社会公德和职业道德规范，不参与任何违法违规或损害社会公共利益的活动。利用财务机器人技术为社会创造价值，如协助企业开展公益项目的财务管理、参与社会财务知识普及活动等。

关注行业发展中的社会责任问题，积极推动行业自律和规范发展。通过分享经验和技术成果，带动整个行业提升社会责任意识和履行能力。

在企业发展过程中，注重员工权益保护和社会福利贡献。利用财务机器人辅助企业进行合理的薪酬管理、税务筹划等工作，为企业创造良好的社会效益奠定基础。

模块总结

● RPA财务机器人部署相关知识包含部署理论、流程方法、运维的必要性及常见措施，同时涉及新职业素养的内涵与重要性。

● RPA部署需考虑业务流程的适配性、系统集成需求、数据安全性和合规性等因素，进行企业应用评估（包括成本效益分析、业务影响评估、技术可行性评估），准备部署环境（硬件环境如服务器配置和网络设备，软件环境如操作系统和相关软件及依赖项），梳理财务流程并规划数据流程，准备部署人员（组建项目团队并进行培训，开展员工沟通与培训）。

● 机器人的部署形式多样，按部署环境可分为本地部署（单机部署、服务器部署、分布式部署）和云端部署（公有云部署、私有云部署、混合云部署）；按部署方式可分为独立部署和嵌入式部署；按部署规模可分为小型化部署、中型化部署和大型化部署。

● 机器人部署上线机制包括测试与验证（单元测试、集成测试、系统测试）、员工培训（内容涵盖基本操作、功能介绍、安全注意事项，方式包括面对面授课、在线视频教程、操作手册）和审批流程（技术审核、财务审核、管理层审批）。

● RPA机器人运维包括监控与管理（性能监控、资源管理、流程监控、日志管理）、故障排除与修复（故障检测、故障诊断、修复措施）、更新与优化（软件更新、流程优化、性能优化）以及安全与合规（数据安全及数据加密、系统安全及访问控制、合规管理及权限管理）。

● 新职业素养包括技术素养（编程与软件工具应用、系统运维与故障排除、数据分析与处理能力）、业务素养（财务专业知识深化、行业财务特性认知、企业财务流程理解、行业洞察能力拓展）、能力素养（学习与适应能力、沟通协作能力、问题解决与决策能力、创新思维能力）和道德素养（数据保密意识、诚信正直品格、客观公正态度、社会责任意识）。

 模块测试

模块测试